高等职业教育"十五五"系列教材 汽车专

城市智能交通系统集成与维护

主　编　史荣珍　陈世文
副主编　侯现耀　高朝晖
主　审　赵海峰　熊江勇

南京大学出版社

图书在版编目(CIP)数据

城市智能交通系统集成与维护 / 史荣珍,陈世文主编. -- 南京：南京大学出版社,2025.6. -- ISBN 978-7-305-29266-8

Ⅰ.U491.2

中国国家版本馆 CIP 数据核字第 2025DL3828 号

出版发行	南京大学出版社
社　　址	南京市汉口路 22 号　　邮　编 210093

书　　名　城市智能交通系统集成与维护
　　　　　CHENGSHI ZHINENG JIAOTONG XITONG JICHENG YU WEIHU
主　　编　史荣珍　陈世文
责任编辑　吴　华　　　　　　　编辑热线　025-83596997
照　　排　南京开卷文化传媒有限公司
印　　刷　南京京新印刷有限公司
开　　本　787 mm×1092 mm　1/16 开　印张 9.75　字数 243 千
版　　次　2025 年 6 月第 1 版　　2025 年 6 月第 1 次印刷
ISBN　978-7-305-29266-8
定　　价　39.00 元

网　　址：http://www.njupco.com
官方微博：http://weibo.com/njupco
微信公众号：njupress
销售咨询：(025)83594756

* 版权所有,侵权必究
* 凡购买南大版图书,如有印装质量问题,请与所购
　图书销售部门联系调换

前　言

智能交通系统(Intelligent Transportation System,ITS)是将先进的信息技术、数据通信技术、计算机处理技术、传感器检测技术和电子自动控制技术进行有效集成,通过先进的交通信息采集与融合技术、交通对象交互以及智能化交通控制与管理等专有技术而建立的一个高效、便捷、安全、环保、舒适的交通体系。该系统加强了载运工具、载体和用户之间的联系,可提高交通系统的运行效率,减少交通事故,降低环境污染。

ITS使交通系统各要素之间形成有机联系,除了提高交通系统的运行效率和交通安全外,还使交通系统的时间资源和空间资源得到最佳利用,环境影响得到有效控制,因而成为交通运输与信息技术范畴内科技竞争最激烈的领域之一。社会信息化的逐步提高,智能交通系统研究的深入,以及项目和产品的开发,对解决现代交通问题具有重要的经济价值与现实意义,同时也为培养智能交通科技和工程技术人才,满足现代交通的社会需求提供了条件。

本书结合课程教学需求,吸纳了当前智能交通研究成果,几经修改完善而成。全书侧重智能交通运输与信息技术,结合当前信息技术的迅速发展和智慧城市建设的需求,紧贴普通高等教育智能交通技术专业要求,系统全面地阐述了相关技术及其工程示范应用。本书特色鲜明地介绍了智能交通运输与信息技术,既有理论与方法,也有实践,在编写过程中准确把握了系统性、实用性以及当前最新工程技术案例。

本书包含了对智能交通技术的理论研究和工程案例的应用成果,在智能停车系统、城市交通智能管控系统、智能公交系统、综合交通信息服务系统、智能车路协同与控制系统等方面,建立了特色鲜明的智能交通管理的成套技术及示范案例。

在本书的编写和出版过程中,南京信息职业技术学院智能交通学院吴万友书记提出了很多有益的建议,智能交通专业孙晓莉老师、俞竞伟老师和刘喜敏老师亦提供了很多技术建议,江苏量动信息科技有限公司和南京协同交通产业创新发展研究院提供了大力的技术支持和项目案例,南京大学出版社也给予了很多帮助,在此一并表示由衷的感谢!

由于成书时间紧迫和编者水平有限,书中不妥或错漏之处在所难免,真诚地希望本书的读者能给予指正并将对本书的意见反馈给我们,本书所配备微课扫描封面二维码均可观看。

编写组
2025年2月

目　录

项目一　智能交通系统概述 ·· 1

  任务描述 ·· 1
  学习目标 ·· 1
  知识引导 ·· 1
  知识学习 ·· 2
    第一节　智能交通简介 ·· 2
    第二节　智能交通发展 ·· 2
    第三节　智能交通应用领域 ·· 4
    第四节　城市交通治理 ·· 4
  项目实施 ·· 5
  课后测评 ·· 6

项目二　智能交通系统相关技术 ·· 7

  任务描述 ·· 7
  学习目标 ·· 7
  知识引导 ·· 7
  知识学习 ·· 8
    第一节　传感器技术 ··· 8
    第二节　传感器分类 ··· 9
    第三节　传感器的应用 ·· 9
    第四节　地磁车辆检测 ·· 10
    第五节　通信技术 ··· 14
    第六节　计算机网络 ··· 15
  项目实施 ·· 16
  课后测评 ·· 19

项目三　智能停车系统 ·· 20

  项目描述 ·· 20
  学习目标 ·· 20
  知识引导 ·· 20
  知识学习 ·· 21

  第一节 系统概述 ·· 21
  第二节 基本组成 ·· 21
  第三节 工作原理 ·· 30
 项目实施 ··· 31
 课后测评 ··· 38

项目四 交通视频监控系统 ··· 39

 项目描述 ··· 39
 学习目标 ··· 39
 知识引导 ··· 39
 知识学习 ··· 40
  第一节 系统组成 ·· 40
  第二节 监控技术 ·· 40
  第三节 系统应用 ·· 41
 项目实施 ··· 43
 课后测评 ··· 48

项目五 城市交通诱导系统 ·· 49

 项目描述 ··· 49
 学习目标 ··· 49
 知识引导 ··· 49
 知识学习 ··· 50
  第一节 交通诱导系统及组成 ·· 50
  第二节 系统需求分析 ·· 51
  第三节 系统设计 ·· 52
  第四节 动态路径诱导系统 ·· 54
 项目实施 ··· 56
 课后测评 ··· 59

项目六 交通管理调度和信息服务 ··· 60

 项目描述 ··· 60
 学习目标 ··· 60
 知识引导 ··· 60
 知识学习 ··· 61
  第一节 交通管理系统 ·· 61
  第二节 交通指挥调度系统 ·· 62
  第三节 智能交通信息服务系统 ·· 63
 项目实施 ··· 67
 课后测评 ··· 72

项目七　交通地理信息系统 ·· 73

　　项目描述 ··· 73
　　学习目标 ··· 73
　　知识引导 ··· 73
　　知识学习 ··· 74
　　　　第一节　GIS-T 概述 ·· 74
　　　　第二节　行业应用 ·· 75
　　　　第三节　系统功能 ·· 76
　　项目实施 ··· 77
　　课后测评 ··· 81

项目八　出行者信息系统 ··· 82

　　项目描述 ··· 82
　　学习目标 ··· 82
　　知识引导 ··· 82
　　知识学习 ··· 83
　　　　第一节　体系结构 ·· 84
　　　　第二节　系统组成 ·· 86
　　　　第三节　服务内容 ·· 88
　　项目实施 ··· 89
　　课后测评 ··· 93

项目九　智能公共交通 ··· 94

　　项目描述 ··· 94
　　学习目标 ··· 94
　　知识引导 ··· 94
　　知识学习 ··· 95
　　　　第一节　智能公共交通简介 ·· 95
　　　　第二节　公共交通信息系统 ·· 96
　　　　第三节　监控与调度子系统 ·· 99
　　　　第四节　公交优先系统 ·· 101
　　　　第五节　快速公交系统 ·· 103
　　项目实施 ··· 106
　　课后测评 ··· 109

项目十　车路协同系统 ··· 110

　　项目描述 ··· 110
　　学习目标 ··· 110

知识引导 ·· 110
　　知识学习 ·· 111
　　　　第一节　车路协同概述 ··· 111
　　　　第二节　功能与架构 ··· 113
　　　　第三节　关键技术 ·· 117
　　　　第四节　应用场景 ·· 120
　　项目实施 ·· 123
　　课后测评 ·· 132

项目十一　智能交通安全保障系统 ·· 133

　　项目描述 ·· 133
　　学习目标 ·· 133
　　知识引导 ·· 133
　　知识学习 ·· 134
　　　　第一节　基于道路基础设施的应用 ·· 134
　　　　第二节　交通信号控制系统 ··· 136
　　　　第三节　电子警察 ·· 138
　　　　第四节　车队管理 ·· 139
　　项目实施 ·· 141
　　课后测评 ·· 146

参考文献 ·· 147

智能交通系统概述

项目一

任务描述

作为交通技术相关专业的学生,首先需要了解智能交通系统(ITS)的概念,国内外的发展历程。其次,需熟知智能交通系统的应用领域。本项目需重点掌握智能交通系统在城市交通治理方面的主要途径和重要措施。

学习目标

1. 了解智能交通简介和发展;
2. 理解智能交通在我国的应用领域;
3. 理解城市交通治理的途径和措施。

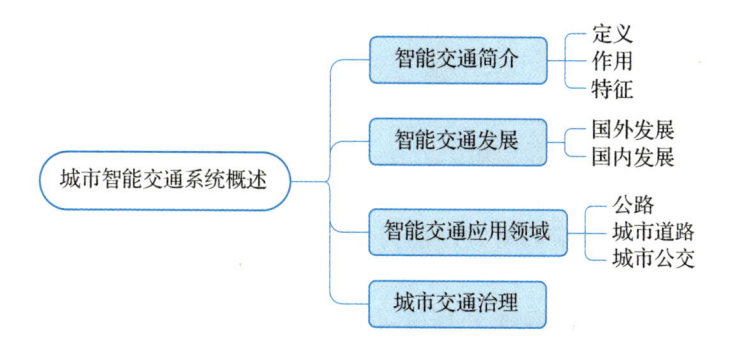

知识引导

城市智能交通系统概述
- 智能交通简介
  - 定义
  - 作用
  - 特征
- 智能交通发展
  - 国外发展
  - 国内发展
- 智能交通应用领域
  - 公路
  - 城市道路
  - 城市公交
- 城市交通治理

第一节　智能交通简介

智能交通系统(ITS-Intelligent Transportation System)是将先进的信息技术、数据通信传输技术、电子控制技术、计算机技术及智能车辆技术等综合运用于整个交通运输管理体系,通过对交通信息的实时采集、传输和处理,借助各种科技手段和设备,对各种交通情况进行协调和处理,建立起一种实时、准确、高效的综合运输管理体系,从而使交通设施得以充分利用,提高交通效率和安全,最终使交通运输服务和管理智能化,实现交通运输的集约式发展。智能交通系统使道路、车辆和驾驶员之间建立起智能联系,借助系统的智能,车辆可以在道路上安全、自由地行驶,靠智能化手段将车辆运行状态调整到最佳,实现人、车、路的和谐统一。

ITS是当前世界交通运输发展的热点和前沿之一。ITS能使交通基础设施发挥最大的效能,提高服务质量,使社会能够高效地使用现有交通设施,从而获得巨大的社会效益和经济效益,主要体现在以下方面:

(1) 提高交通运输系统的安全水平,减少阻塞。
(2) 增加交通运输的机动性。
(3) 降低交通运输对环境的影响。
(4) 提高交通运输的通行能力和机车车辆、飞机运输生产率及经济效益。

研究表明,采用智能交通系统(ITS)可使城市道路的通行能力提高2至3倍,可使交通拥挤降低20%～80%,停车次数可以减少30%,行车时间减少13%～45%,油料消耗减少30%,废气排放减少26%,交通事故可以成倍地减少,有效提高交通运输效率,从而产生巨大的经济效益和社会效益。

智能交通系统具有以下特征:

(1) 智能交通系统的形成源于知识工程,通过知识工程进行科学、技术和方法的综合,解决知识的获取、形式化和计算机实现。
(2) 智能交通系统至少应具有判断能力、推理能力和学习能力,并应具有辅助决策的作用。
(3) 智能交通系统由机器感知、机器学习、机器识别和知识库、模型库等部分组成。

第二节　智能交通发展

一、国外发展

ITS起源于汽车和公路交通运输的发展。早在20世纪30年代,美国通用汽车公司和福特汽车公司就倡导和推广"现代化公路网"的构想。20世纪60年代末,美国开始智能交通系统方面的研究,美国开始的第一个ITS项目——电子路径引导系统(ERGS),可能是世界上最早的ITS研发项目。此时出现的计算机交通控制技术可谓是ITS的基本雏形。进入20世纪80年代,计算机技术、信息技术、通信和电子控制技术等有了飞速发展,人们意识到利用新技术解决交通问题的可行性和有效性。ITS以惊人的速度发展,世界上许多发达国家争先恐后地进行开发研究,出现了激烈竞争的场面,并形成了美国、欧洲和日本三大体系。

20世纪80年代至90年代,最具代表性的是美国智能车辆道路系统(IVHS,1992年)、欧洲高效安全欧洲交通计划(PROMETHEUS,1986年)、欧洲车辆安全道路结构计划(DRIVE,1989年)以及日本的道路交通信息通信系统(VICS,1995年)。它们共同的特点是:将先进的信息技术、计算机技术、数据通信技术、传感器技术、电子控制技术、自动控制理论、运筹学、人工智能等有效地综合运用于整个交通服务、管理与控制,从而建立起来一种大范围、全方位发挥作用的实时、准确、高效的运输综合管理系统,以解决日趋恶化的道路交通拥挤、交通事故和环境污染。

美国、欧洲、日本是世界上经济发展水平较高的国家和地区,也是世界上ITS开发应用较好的国家。从它们发展情况看,ITS的发展,已不限于解决交通拥堵、交通事故、交通污染等问题,也成为缓解能源短缺、培育新兴产业、增强国际竞争力、提升国家安全的战略措施。

二、国内发展

在中国,20世纪80年代从治理城市交通管理入手,在广泛开展城市交通调查、规划、治理的同时,开始重视运用高科技来发展交通运输系统。20世纪90年代,一些高校和交通研究机构开始了城市交通诱导系统技术的研究和尝试,跟踪国际上智能运输系统的发展。这些研究主要借鉴了英、美和澳大利亚等国的先进控制系统(如TRANSYT、SCOOT、SCATS等)的理论和思想。北京、上海、沈阳、杭州等城市先后从美国、澳大利亚等国引入了SCOOT和SCATS系统。这些研究和实践开拓了我国交通研究的新领域,也取得了一定的实际效果,在一定程度上缓和了当地交通紧张的局面。

交通运输部也将智能运输系统的研究纳入了公路、水运科技发展"九五"计划和2010发展纲要。"九五"期间,交通运输部提出加强智能公路运输系统的研究与发展,指出应结合我国实际情况,分阶段地开展交通控制系统、驾驶人信息系统、车辆调度与驾驶系统、车辆安全系统及收费管理系统五个领域的研究开发、工程化和系统集成,在此基础上,使成熟的科技成果转化为可供使用的技术和产品。

2019年9月19日,中共中央、国务院印发《交通强国建设纲要》,明确从2021年到本世纪中叶,我国将分两个阶段推进交通强国建设。到2020年,完成决胜全面建成小康社会交通建设任务和"十三五"现代综合交通运输体系发展规划各项任务,为交通强国建设奠定坚实基础。到2035年,基本建成交通强国,形成"三张交通网"、"两个交通圈",全面建成人民满意、保障有力、世界前列的交通强国。

"三张交通网"是根据不运输方式功能定位和技术经济特征构建的综合交通"三张网"。一是发达的快速网,主要由高速铁路、高速公路、民用航空组成,服务品质高、运行速度快;二是完善的干线网,主要由普速铁路、普通国道、航道、油气管道组成,运行效率高、服务能力强;三是广泛的基础网,主要由普通省道、农村公路、支线铁路、支线航道、通用航空组成,覆盖空间大、通达程度深、惠及面广。

"两个交通圈"是指围绕国内出行和全球快货物流建立的快速服务体系。一是"全国123出行交通圈",即都市区1小时通勤、城市群2小时通达、全国主要城市3小时覆盖;二是"全球123快货物流圈",即国内1天送达、周边国家2天送达、全球主要城市3天送达。

2020年4月,江苏省印发《江苏省智能交通建设实施方案》,提出通过"跨界融合、共建共享、综合应用",加快交通运输向数字化、网络化、智能化发展,以智慧赋能交通,全面支撑现代综合交通运输体系建设和交通强省建设;大力推进智慧基础设施建设、加强新一代信息技术与交通运输行业深度融合、加强运行监测与数据分析、进一步完善交通出行综合信息服务体系、进一步加强交通物流信息化、加强综合应用系统整合建设、推进智能交通产业发展、同步加强网络安全建设。

第三节 智能交通应用领域

目前,智能交通在我国主要应用于三大领域:

一、公路交通信息化

公路交通信息化包括高速公路建设、省级国道公路建设等公路交通领域。

目前热点的项目主要集中在公路收费,其中又以软件为主。公路收费项目分为两部分,联网收费软件和计重收费系统。此外,联网不停车收费(ETC)是未来高速公路收费的主要方式。

二、城市道路交通管理服务信息化

兼容和整合是城市道路交通管理服务信息化的主要问题。因此,综合性的信息平台成为这一领域的应用热点。除了城市交通综合信息平台,一些纵向的比较有前景的应用有智能信号控制系统、电子警察、车载导航系统等。

三、城市公交信息化

目前国内的公交系统信息化应用还比较落后,智能公交调度系统在国内基本处于空白阶段,也是集成商可以重点发展的领域。在地域分布上,国内的各大城市特别是南方沿海地区对于智能交通的发展都非常重视。

第四节 城市交通治理

城市智能交通系统治理的目的是提升交通效率,主要的途径包括"开源"和"节流"两方面。

"节流"是指交通需求管理(Transportation Demand Management,简称TDM)。人们在交通治理的实践中逐渐意识到增加交通供给是无法满足交通需求的无限增长的,反而会给增、扩交通污染创造条件;交通需求的无限增长,汽车滥用有限的道路资源是交通祸害的真正根源。只是被动地采取措施去解决当前的交通问题已不能适应当前交通的发展趋势,交通管理要争取主动,从新的角度去实施管理。也就是说,需要把注意力集中到减少路上的车流(交通量),减少或合理安排好交通需求的产生,即通常所说的交通需求管理(见表1-1)。

"开源"是指通过城市智能交通管理的设备和技术手段,实现提升现有道路利用率,从而提升出行效率的目的,这将是本书重点讨论的内容。

表1-1 交通需求管理措施

策略	措施	
土地利用管理	交通引导土地利用 混合土地	交通影响评价 城市布局优化
交通出行替代	网络办公 电话会议	居家工作 电子通勤
增加/鼓励其他 交通方式	大容量快速公交合乘 自行车/公交一体化 停车换乘	鼓励步行和骑车 高占有率车辆优先 通勤财政补贴 公共交通改善
限制机动车拥有 和使用	拥挤收费/道路收费 根据里程收费 燃油税	停车管理及收费 车辆限制
调整机动车时空分布	错时上下班 弹性上班制 交通信息发布	智能交通控制、诱导、调度 部分区域或道路分车种分时段限行

项目实施

ITS是当前世界交通运输发展的热点和前沿之一。请简单叙述智能交通系统的概念和具有的特征。

智能交通系统已经发展了很多年,请先简单讲讲智能交通系统在国外的发展历程。重点说说智能交通系统在国内20世纪80年代之后的发展,尤其是2019年中共中央、国务院印发的《交通强国建设纲要》中关于交通强国建设的各项任务。

请简单叙述智能交通系统在城市智能交通系统治理的主要途径和措施。

课后测评

一、单项选择题

1. 智能交通系统的英文简写是(　　)。
A. ATS　　　　B. OTS　　　　C. ITS　　　　D. VMS

2. 智能交通在我国的应用,以下表述错误的是(　　)。
A. 公路、城市道路、城市公交等的信息化是主要应用领域
B. 公路交通信息化仅为公路收费
C. 城市道路交通管理信息化应关注城市道路管理服务中的主要问题
D. 城市公交信息化发展逐步得到重视

二、多项选择题

1. 城市智能交通系统治理的目的是提升交通效率,主要的途径包括(　　)两方面。
A. 开源　　　　B. 修路　　　　C. 节流　　　　D. 禁止上路

2. 智能交通在我国主要应用于(　　)三大领域。
A. 公路交通信息化
B. 城市道路交通管理服务信息化
C. 轨道交通
D. 城市公交信息化

三、简答题

1. 智能交通系统概念是什么?
2. 智能交通是如何发展的?
3. 智能交通研究范围有哪些?
4. 城市交通治理的主要途径有哪些?

智能交通系统相关技术

项目二

任务描述

作为智能交通相关专业的学生，首先需要了解智能交通系统中运用了哪些相关技术。看到道路上架设的交通采集设备，能识别交通系统中常用到的各种传感器的类型。能够识别用于车辆检测的磁频车辆传感器、波频车辆传感器和视频车辆传感器，并阐述其工作原理。

学习目标

1. 掌握传感器定义、分类及应用；
2. 掌握地磁车辆检测的构成和原理；
3. 熟知智能交通系统中常用的通信方式；
4. 了解计算机网络在智能交通系统中的应用。

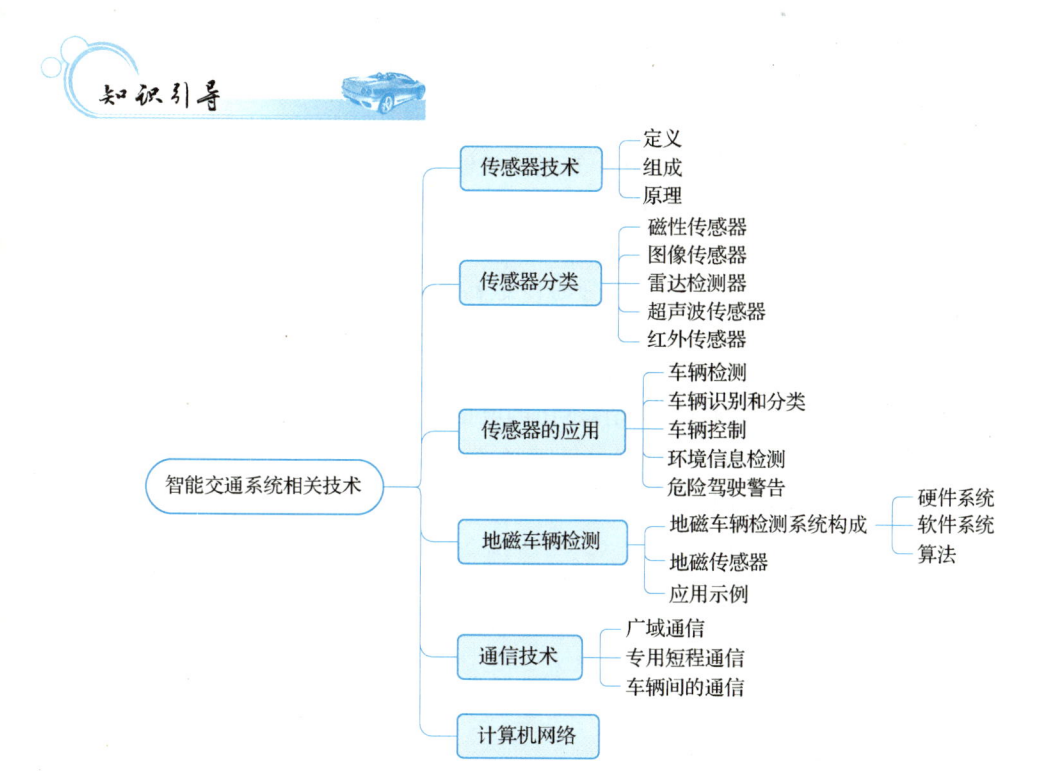

知识引导

智能交通系统相关技术
- 传感器技术
  - 定义
  - 组成
  - 原理
- 传感器分类
  - 磁性传感器
  - 图像传感器
  - 雷达检测器
  - 超声波传感器
  - 红外传感器
- 传感器的应用
  - 车辆检测
  - 车辆识别和分类
  - 车辆控制
  - 环境信息检测
  - 危险驾驶警告
- 地磁车辆检测
  - 地磁车辆检测系统构成
    - 硬件系统
    - 软件系统
    - 算法
  - 地磁传感器
  - 应用示例
- 通信技术
  - 广域通信
  - 专用短程通信
  - 车辆间的通信
- 计算机网络

第一节 传感器技术

智能交通系统的相关技术,包括传感器技术、信息技术、通信技术、电子控制技术及计算机处理技术等。本节主要介绍传感器技术。

国家标准(GB/T 7665—2005)对传感器的定义是:能感受被测量,并按照一定的规律转换成可用输出信号的器件或装置,通常由敏感元件和转换元件组成。

传感器是将各种非电量(如压力、力矩、应变、位移、速度、流量、液位等)转化成电信号的部件。这是因为电信号是最适合传输、转换处理和定量运算的物理量;此外,电信号易于被计算机处理。

传感器通常由敏感元件、传感元件和其他辅助部件组成,如图 2-1 所示:

被测非电量 → 敏感元件 → 传感元件 → 信号调节转换电路 → 电量
                                ↓
                             辅助电路

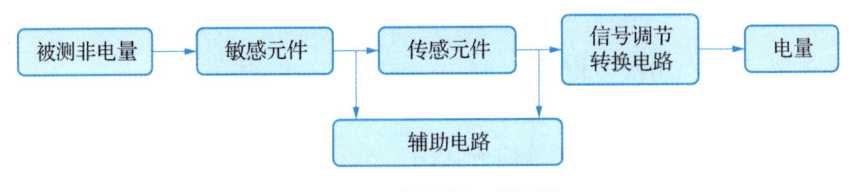

图 2-1 传感器组成框图

敏感元件直接感受非电量,并将感受到的非电量按一定规律转换成与被测量有确定关系的其他量(一般仍为非电量)。例如应变式电压传感器的弹性膜片,就是敏感元件,它的作用是将压力转换为膜片的变形。

传感元件又称变换器,一般情况下,它不直接感受被测量而是将敏感元件输出的量转换成为电量输出。例如应力式压力传感器的应变片,它的作用是将弹性膜片的变形转换成电阻值的变化,电阻应变片就是传感元件。

这种划分并无严格的界限,并不是所有的传感器都必须包含敏感元件和传感元件。如果敏感元件直接输出的是电量,它同时兼为传感元件,如压电晶体、热敏电阻、光电器件等。

信号调节转换电路一般是指把传感元件输出的电信号转换成为便于显示、记录、处理和控制的有用信号的电路。信号调节转换电路的选择要视传感元件的类型而定,常用的电路有弱信号放大器、电桥、振荡器、阻抗变换器等。辅助电路通常包括电源,有些传感器系统采用电池供电。

第二节　传感器分类

一、磁性传感器

磁性传感器主要根据磁性物理量的变化情况,通过对磁性标记的反应来测量有关的物理量。例如通过对埋设在路面的磁钉和镶嵌在汽车底盘的磁性传感器相互作用力大小的测量,可以测出车辆对于车道中心的偏移。

二、图像传感器

图像传感器主要是指有关的图像处理设备,用于辨别道路的标线、检测前后的车辆和道路上的障碍物等;例如CCD摄像机就是一种图像传感器,它将拍摄到的图像传输到图像处理中心,经过处理后,可得到车辆偏离程度和与前面车辆的距离等数据。CCD摄像机采用电荷耦合器件(CCD),以电荷作为信号,不像其他大多数传感器件那样以电流和电压为信号。CCD彩色摄像机有寿命长、能够经受强光照射而不被破坏、工作电压低、不怕振动、体积小、重量轻、使用方便等特点,因而在ITS中的使用越来越广泛。

三、雷达检测器

雷达检测器是根据多普勒效应的原理工作的。它是由安装在车上或道路上的检测器发射一微波束,当遇到车辆或其他障碍时,波束反射回天线,利用车辆进入检测区和离开检测区时所产生的两个脉冲,即可换算成所需的交通参数,如车速、交通量等。

四、超声波传感器

超声波传感器的工作原理是:首先由传感器发射一束能量到检测区,然后接收反射回来的能量束,通过有关的换能装置,将能量束转换成所需的数据,依据此数据判别被检测物是否存在或与传感器的相对位置等。

五、红外传感器

红外传感器通过接收来自待测目标的红外辐射,实现所需数据的监测。

第三节　传感器的应用

一、车辆检测

车辆检测传感器用来检测车辆的存在或通过。这类传感器分成以下三大类:
1. 磁频车辆检测器
磁频车辆检测器包括感应(环状)线圈检测器、磁性检测器、地磁检测器、微状线圈检测器、磁成像检测器和摩擦电检测器等。如目前使用最广泛的环状线圈车辆检测器,通过流过线圈的电流产生磁场,车辆在上面通过时金属部件干扰磁场,由检测器的电子装置测量出这种变化，从而检测出车辆存在或通过。通过多组环状线圈检测器的输出信号可以确定车道占有率、速度和交通量等参数。

2. 波频车辆检测器

波频车辆检测器包括雷达（微波）检测器、超声波检测器、光电检测器和红外检测器等。

3. 视频车辆检测器

这种检测器实际是由车辆检测技术、摄像机和计算机图像处理技术结合而构成的视频车辆检测系统。这是更先进的车辆检测技术。

二、车辆识别和分类

感应线圈、无线地磁和视频车辆检测系统等用于车辆检测的传感器也可以应用于车辆的识别和分类。另外，用于车辆识别的传感器还有光学式传感器和平面音感微波式传感器等。

三、车辆控制

车辆传感器有控制车辆运行、驾驶状态操纵、检测车辆运动和异常状态监控等作用。

（1）车辆运行控制系统包括用于变速器、发动机、转向控制等用途的传感器，以控制车辆的运行。

（2）驾驶操纵控制系统包括加速、制动等传感器，用以检测操纵系统和完成驾驶人的操纵意志。

（3）车辆运动控制系统包括车速、加速度、角速度、减速度等传感器，用以检测各种车辆的控制输入，也是辅助驾驶系统和各种信息辅助系统的重要组成部分。

（4）异常状态检测系统包括单侧车轮制动状态、燃油残留量、轮胎气压等的传感器。

四、环境信息检测

这类传感器主要利用超声波、电波、光波等原理制成，用来检测车辆周围的车辆、行人、障碍物、路面形状和路面湿润状况等各种情况。其中，检测车辆周围环境和障碍物的激光传感器和磁性传感器是比较重要的两种传感器，是进行图像处理的基础。

五、危险驾驶警告

危险驾驶主要是指当驾驶人处于瞌睡、过度疲劳时，容易引起交通事故，其中瞌睡直接导致的交通事故很多。因此，实时检查驾驶人的异常状况并加以预防是非常重要的。判断驾驶人是否瞌睡时，通常利用传感器检测驾驶人的眼球运动、体温、脑电波、皮肤电位、心跳等来确定。

第四节　地磁车辆检测

基于视频图像识别方法成本较高，实时性较差；声波检测常有较大干扰，识别率也较低；感应线圈由于道路施工频繁，线圈完好率较低，维护费用较高。而地磁车辆检测检测精度高，具有自适应、自学习能力，适应各种复杂天气，抗干扰性强、工作稳定可靠、安装维护方便、使用寿命长的优点已开始逐步显现。

一、地磁车辆检测系统构成

地磁车辆检测系统由地磁传感器、中继器和主控器三部分组成,地磁传感器与中继器之间、中继器与主控器之间采用无线通信方式进行数据传输。具体而言,地磁检测系统由硬件系统、软件系统及算法组成。

1. 硬件系统

包括地磁检测器、RF中继器和主控器。

2. 软件系统

包括嵌入式软件和上位机配置软件。其中,嵌入式软件又包括地磁检测软件(地磁检测器)、中继管理软件(RF中继器)和主控软件(主控器)。

3. 算法

包括车辆检测算法、车型识别算法和测速算法。

地磁车辆检测系统的构成如图2-2所示,其中,地磁检测模块是系统的核心,可实现流量计数、车辆到达时刻、占有时间等原始检测数据的获取。将原始检测数据经RF中继器无线传输至主控器,主控器可对数据进行接收和信号处理,进一步获得车速、车型等车辆信息,并可通过多功能接口模块将需要的信息传输至信号机、摄像机等管理或控制系统,以满足交通信号控制系统的控制需求或交通诱导系统的信息更新及发布等需求。

上位机配置管理软件可实现对同一主控器下各地磁检测器的配置与管理,以便在用户安装检测器、RF中继器和主控器后对系统进行设计与调试。

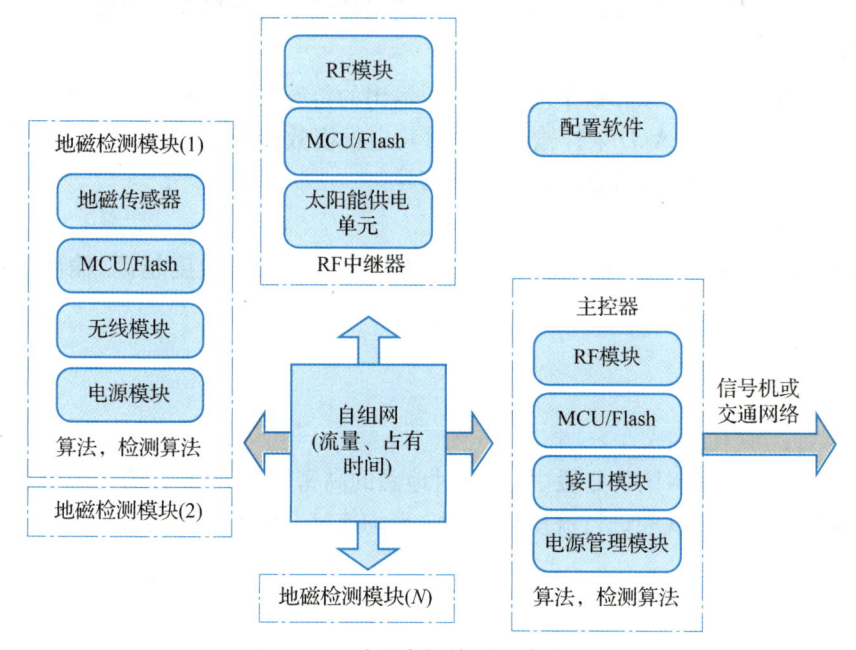

图2-2 地磁车辆检测系统的构成

二、地磁传感器

地磁传感器是地磁车辆检测的核心器件,其检测原理是:磁阻传感器的基础元件是惠斯通电桥,组成电桥的电阻是由铁镍合金的薄膜片沉积于硅晶片表面制成的。磁阻传感器利用铁镍合金的磁阻效应,可将磁场的变化转换为差分电压的形式输出。车辆具有铁磁物质,其经过传感器时,将改变传感器周围的地磁场分布,地磁传感器可将地磁场的扰动表现为输出电压的改变,可通过分析电压波形的变化判断车辆的有无、到达时刻等交通流信息。

对于地磁传感器,要求其检测精度高、低功耗、体积小,具备检测与信号处理功能的特点,故选型应重点考察以下指标:

1. 检测轴数

目前地磁检测一般采用 2 轴或 3 轴的地磁传感器,3 轴传感器较 2 轴传感器多垂直于地面的 Z 轴,很多检测算法均基于 Z 轴电压输出进行检测,但 3 轴传感器功耗较 2 轴传感器更大,若传感器集成 A/D 采样,功耗将提高 50%,因此,目前倾向于采用 2 轴传感器。

2. 工作电流

工作电流的大小将决定产品的使用年限和维护周期。

3. 采样频率

采样频率的选择与算法可否有效实现密切相关,与应用场景的车速、检测内容、检测准确度要求和电池使用寿命等均有关系。对检测误差和检测准确度要求越高,检测器的采样频率需要更高,同时功耗也越高,在一定电池容量条件下产品使用寿命越短。目前倾向于将 A/D 采样频率设置在 120Hz 以上,以满足各种应用场景下的车辆存在性检测。

4. 数据输出类型

数据输出类型分为模拟和数字两类。模拟输出的传感器将地磁场的变化以模拟电压形式输出,利用 MCU 中的 A/D 采样输出单元对其进行模数转换,变为数字输出;数字输出的传感器中集成了 A/D 采样,可直接输出数字信号。

5. 检测灵敏度

检测灵敏度是指传感器可分辨的最小磁场变化。检测灵敏度越高,输出的电压值越精确。

三、应用示例

1. 路段排队长度检测

如图 2-3 所示,在封闭的路段中,通过对地磁的高密度布设,检测存在状态的时间判断道路的饱和程度。通过视频进行流量、占有率、平均速度及车牌信息的补充采集。

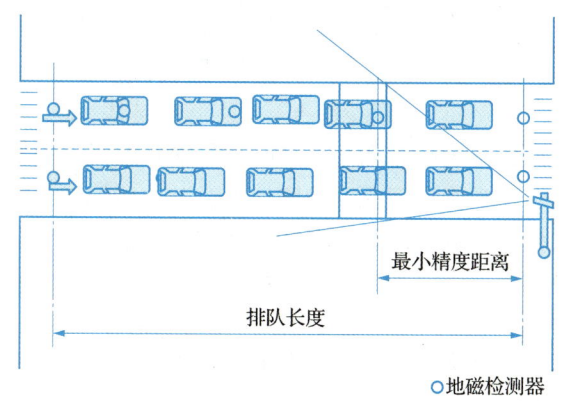

图 2-3 路段检测方案

2. 分流路段流量控制

如图 2-4 所示,在存有分流路口的路段中,对分流路口附近进行地磁合理布设,通过流量检测,分析周边地磁的存在时间,对分流路口的交通状态进行评估。通过视频进行流量、占有率、平均速度及车牌信息的补充采集。

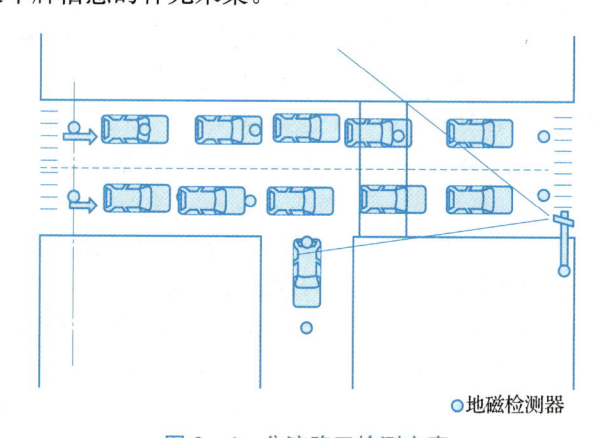

图 2-4 分流路口检测方案

3. 匝道路段检测

如图 2-5 所示,在匝道路口附近合理布置地磁检测器,通过流量检测,分析周边地磁的存在时间,对匝道的交通状态进行评估。通过视频进行流量、占有率、平均速度以及车牌信息等的补充采集。

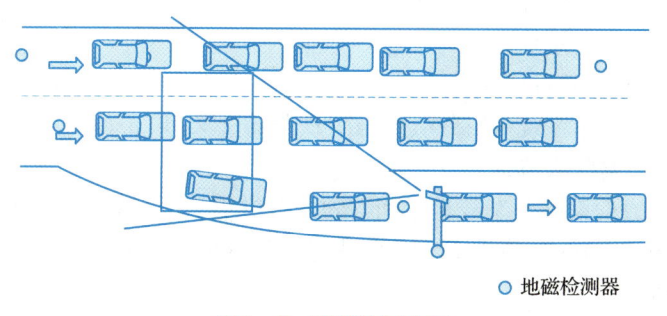

图 2-5 匝道检测方案

第五节　通信技术

通信网可由表示用户设备的端点和端点之间的传输路线或者由表示用户设备的端点和起交换作用的转接交换点及它们之间的链接路线组成。这些用户端点和转接交换点就称为结点。通信网中的结点分为终端结点和交换结点,终端结点指各种终端设备,交换结点是指各种交换设备。这种通信网可以定义为由一定数量的结点和连接结点的传输链路相互有机地组合在一起,以实现两个或多个规定点间信息传输的通信体系。

通信网可以分为不同的种类,例如:按所传输的信号形式可以分为数字网和模拟网;按业务种类可分为电话网、电报网、数据网、传真网、广播电视网等。

按其服务范围可分为本地网、长途网和国际网等。

智能交通系统(ITS)包括许多子系统,子系统之间相互联系,其通信方式包括:有线广域通信、无线广域通信、专用短程通信和车与车之间的通信。

1. 广域通信

目前,因为商用数据网已经相当成熟,希望 ITS 的有线和无线广域网(WAN)能够利用商用数据网。通信网应采用开放的通信接口,且与其他开放通信网互联,即通信网的信息可以发送到另一个通信网,那么子系统之间的相互协调就会很方便。

(1) 有线 WAN 通信　有线数据 WAN 通信系统将中心子系统与道路、远程访问及其子系统连接起来。通过与无线 WAN 互联工作,也可以将中心与车辆、中心与个人移动计算机连接起来。

(2) 无线 WAN 通信　无线数据通信系统可以是:单向系统(广播),如 FM 副载波或寻呼系统;或双向专用系统,如专用无线移动台(SMR);或双向公用系统,如存储 SMR 登记许可的商用运行网(称为 E-SMR 技术),它由传统的蜂窝电话供应商提供蜂窝数字分组数据业务(PCS)。在无线 WAN 中单向或双向形式都被支持以适应不同的应用。这一方法既可吸引早期开放的、使用成熟且低成本的单向数据业务(例如寻呼技术及副载波),也支持向着功能更丰富的双向模式改进。

2. 专用短程通信(DSRC)

专用短程通信是在车辆与路边设备之间进行的无线通信。专用短程通信的服务包括:

(1) 停车系统。

(2) 车辆的收费系统。

(3) 商业车辆的路边服务。

(4) 固定路线的公交系统。

(5) 交通检测(使用收费设备)。

(6) 交叉路口防撞车系统(包括高速公路、铁路的交叉口)。

(7) 车载显示与驾驶人咨询。

路边专用短程通信设备为车载显示和驾驶人提供信息,包括低成本的固定信息,从交通管理子系统收到的动态信息,或由 DSRC 收集过往车辆的数据并经动态处理得到的信息。

3. 车辆间的通信

此通信模块表明相邻车辆之间可以直接通信。车辆间通信模块的配置对于一些先进的车辆控制系统是十分必要的,如高密度的无人驾驶车队的运行。(车辆间的通信,不应与基于车辆的传感信息相混淆,如用于防碰撞的传感信息就不涉及车辆间的通信)

第六节　计算机网络

　　计算机网络是计算机之间连接的一种途径,计算机可以利用这种连接关系相互通信,达到资源共享的目的。虽然人们给计算机网络下过各种各样的定义,但其核心只有一个,即计算机网络是"一个互相连接起来的、独立自治的计算机群",那么,究竟什么是计算机网络的确切定义呢?

　　将地理上分散的且具有独立功能的多台计算机,通过通信设备和线路按不同的拓扑结构连接起来,且以功能完善的网络软件(网络协议、信息交换方式及网络操作系统)实现网络资源共享的系统,称为计算机网络系统。

　　计算机网络具有单台计算机所不具备的下述功能和特点。

1. 能实现信息的快速传输和集中处理

　　终端与计算机之间、计算机与计算机之间,能快速、可靠地相互传输数据和程序信息,根据需要可以对这些信息进行分散、分级或集中管理和处理,这是计算机网络的最基本的功能。如民航的自动订票系统、政府的计划统计系统、银行结算系统、气象数据收集系统等。

2. 能实现计算机系统资源的共享

　　由于计算机系统的许多资源是非常昂贵的,所以充分利用计算机系统资源是组建计算机网络的主要目标之一。例如,海量磁盘存储器、大型数据库、应用软件及某些特殊的外部设备等早期的资源共享主要是共享硬件设备,而现在的资源共享除共享硬件设备外,主要是共享数据和软件。例如,某些专用处理程序在某处研制好以后可供别处调用,或用来处理别处送来的数据,然后再将结果送回原处,在少数地点设置的数据库可给全网提供服务;一些具有特殊功能的计算机和外部设备可以面向全网。资源共享使计算机的处理能力大大加强,数据处理的平均费用也大大下降。

3. 能提高计算机的可靠性及可用性

　　在单机使用的情况下,如没有备用机,则计算机有故障便引起停机。如有备用机,则费用会大为增高。当计算机连成网络后,各计算机可以通过网络互为后备,当某一处计算机发生故障时,可由别处的计算机代为处理,还可以在网络的结点上设置一定的备用设备,起全网公用后备的作用。这种计算机网络能起提高可靠性及可用性的作用,正像许多发电厂连成电力系统后能提高供电可靠性及保证不间断供电的作用一样。特别是在地理分布很广且具有实时性管理和不间断运行的系统中,建立计算机网络便可保障更高的可靠性和可用性。

4. 能均衡负载,互相协作

　　当某个主计算机(简称主机)的计算任务很重时,可通过网络将某些任务传送给空闲的主机去处理。不少的计算机网络具有这种功能。这就使得整个网络资源能互相协作,以免网络中的计算机忙闲不均,既影响任务,又不能充分利用计算机资源。

5. 能进行分布处理

　　在计算机网络中,用户可根据问题的性质和要求选择网内最合适的资源来处理,以便使问题迅速而经济地得以解决。对于综合性的大型网络可以采用合适的算法将任务分布到不同计算机上进行分布处理。各计算机连成网络也有利于共同协作进行重大科研课题的开发研究。利用网络技术还可以将许多小型机或微型机连成有高性能的分布式计算机系统,使它具有解决复杂问题的能力,而费用大为降低。

6. 能实现差错信息的重发

这样就为用户提供了优化的通信。

7. 能提高性能价格比

易于扩充,便于维护。

计算机组成网络后,虽然增加了通信费用,但明显提高了性能价格比,降低了维护费用,因此系统易于扩充。

计算机网络的以上功能和特点使得它在社会生活的各个领域得到了广泛应用。

各种信息的传输是 ITS 的运行基础,而以传输信息为目的的通信系统就像人体内的神经系统一样在 ITS 中起着关键的作用。

根据通信对象的不同,可以把通信系统分为以下三大部分:一是以路网基础设施为主的信息传输系统,它是利用沿高速公路或者城市道路敷设的电缆或光纤,将沿线的收费站、管理站、货运站、客运站、十字路口等基础设施连接成一个通信网。

二是上述网络与车辆之间的通信系统(Road Vehicle Communication, RVC),它主要是利用无线通信技术(如广播或专用短距离通信等方式)完成路车之间的信息交换。

三是车辆之间的通信(Inter Vehicle Communication, IVC),它是利用无线电或红外线完成车与车之间的信息传输。图 2-6 为 ITS 通信系统示意图。

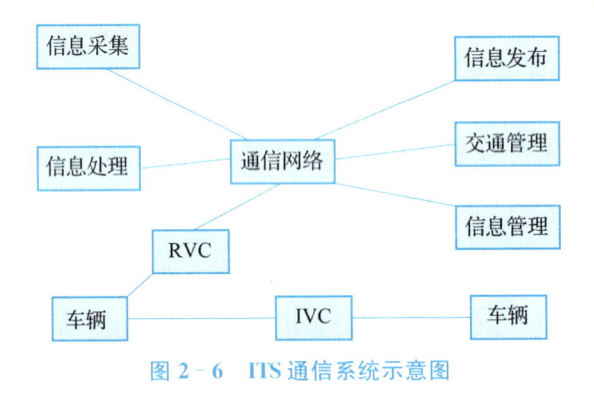

图 2-6 ITS 通信系统示意图

从信息形式上看,ITS 拥有目前所能见到的所有信息形式,即语言信息、活动图像信息、图片信息、文字信息和数据信息等。从而我们可以看到 ITS 中的通信业务复杂,种类繁多,单一的通信技术无法满足 ITS 的业务需求。所以,各种通信技术和手段在 ITS 都有用武之地。

项目实施

请根据表 2-1 中的图片,填写传感器的名称,并判断传感器的类型:磁频传感器、波频传感器或视频传感器。最后阐述表中各传感器的工作原理。

项目二 智能交通系统相关技术

表 2-1 传感器识别任务表

传感器图片	传感器名称	传感器类型	工作原理

（续表）

传感器图片	传感器名称	传感器类型	工作原理

课后测评

一、单项选择题

1. 传感器通常由( )元件和转换元件组成。
   A. 电子器件   B. 敏感元件
   C. 传导元件   D. 转换电路
2. 雷达检测器的工作原理是( ),通过发射的波束,检测( ),获取所需的数据。
   A. 多普勒效应,发射波束的脉冲
   B. 波的衍射,离开检测区产生的反射波束脉冲
   C. 多普勒效应,车辆进入检测区反射波束
   D. 多普勒效应,车辆进入和离开检测区时两次反射的波束产生的脉冲
3. 地磁车辆检测系统的构成为( )。
   A. 地磁检测器和主控器
   B. RF 中继器、地磁检测器和主控器
   C. 地磁检测器、RF 控制器和主控器
   D. 地磁检测器、无线网络和主控器

二、多项选择题

1. 车辆检测传感器主要包括( )。
   A. 磁频车辆检测器   B. 波频车辆检测器
   C. 视频车辆检测器   D. 红外传感器
2. 智能交通系统(ITS)包括许多子系统,子系统之间相互联系,其通信方式包括( )。
   A. 有线广域通信   B. 无线广域通信
   C. 专用短程通信   D. 车与车之间的通信

三、简答题

1. 传感器的定义是什么?
2. 传感器可以分成哪几类?
3. 据通信对象的不同,交通系统中的通信系统分为哪三大部分?

智能停车系统

项目二

项目描述

某公司新办公写字楼目前正在紧张施工中,正式投入使用后地下车库配套的智能停车管理系统也需同步启用。根据现场勘查的情况,结合公司车辆管理的实际需求,实现车辆进出的高效智能化管理。地下车库共5层,地下1层到4层计划为社会车辆停放区域,地下5层为公司内部固定车辆停放区域。地面进入地下车库至少有3处进出口,每处设置1进1出通行车道,其中地下4层到地下5层有2处通道,每处设置1进1出通道(场中场模式),实现公司车辆自动识别进出,拦截外来车辆进入地下5层。根据办公楼实际情况,设计一智能化的停车系统,实现公司车辆和社会车辆停车的需求。

学习目标

1. 掌握智能停车场系统的结构和各设备的功能;
2. 掌握道闸、车辆检测器、车牌识别一体机和查询机等设备的功能;
3. 掌握车位引导系统、反向寻车系统和智能停车系统的工作原理。

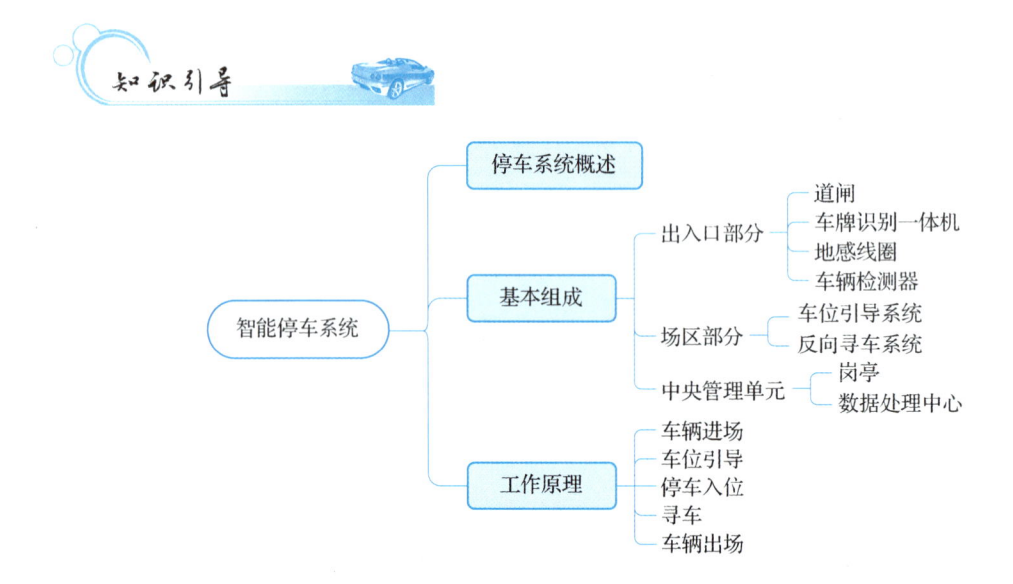

知识引导

智能停车系统
- 停车系统概述
- 基本组成
  - 出入口部分
    - 道闸
    - 车牌识别一体机
    - 地感线圈
    - 车辆检测器
  - 场区部分
    - 车位引导系统
    - 反向寻车系统
  - 中央管理单元
    - 岗亭
    - 数据处理中心
- 工作原理
  - 车辆进场
  - 车位引导
  - 停车入位
  - 寻车
  - 车辆出场

第一节　系统概述

随着我国经济的飞速发展,汽车的数量不断增加,原有的停车出入口控制已经不能满足日常的管理需求。智能停车系统是利用停车区域出入口的自动识别装置,通过非接触式卡或车牌识别技术,对出入此区域的车辆实施识别、准入/拒绝、引导、记录、收费、放行等智能管理的系统,如图 3-1 所示。

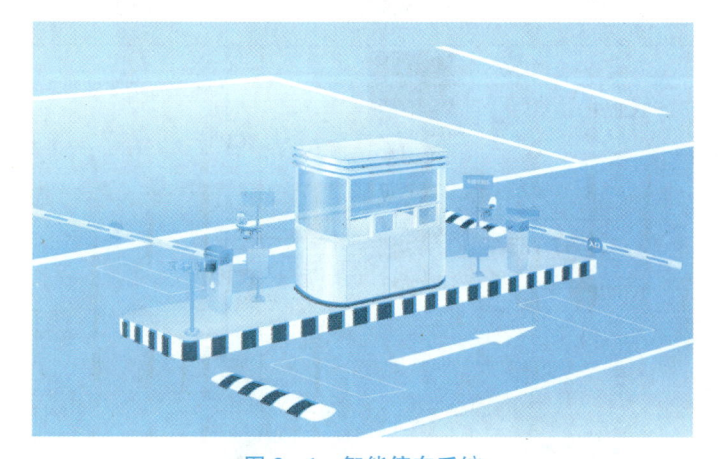

图 3-1　智能停车系统

常见设备包括 ETC、非接触式 IC 卡、RFID 卡、蓝牙远距离读卡、车牌识别、城市停车引导系统、智能停车系统内车位引导、反向寻车系统等。

随着云计算、移动互联网的发展,智能停车系统将更加智能化、无人化。全视频快速通行、无人值守、停车资源大数据联网,都是智能停车系统未来的发展方向。

第二节　基本组成

智能停车系统主要由入口部分、场区部分、出口部分和中央管理部分等组成,如图 3-2 所示。

图 3-2　智能停车系统组成框图

某小型智能停车系统的拓扑结构图如图 3-3 所示。

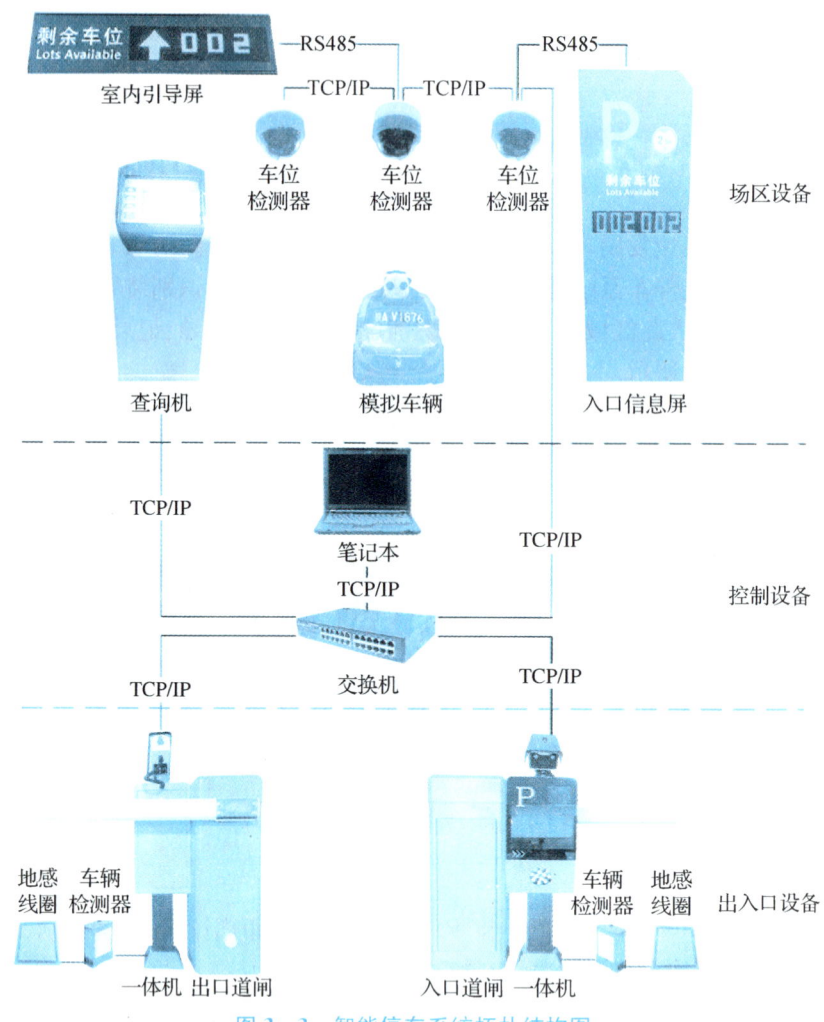

图 3-3 智能停车系统拓扑结构图

一、出入口部分

入口部分一般包括入口道闸、车牌识别一体机、地感线圈、车辆检测器等设备。入口部分主要实现车辆检测及车辆身份信息识别，完成与中央管理部分的信息交流，对符合放行的车辆予以放行，拒绝非法进入。

出口部分的设备组成，与入口部分基本相同，主要由出口道闸、车牌识别一体机、车辆检测器、地感线圈等设备组成，一般安装在智能停车系统的出口车道外。出口部分主要实现外出车辆检测及车辆身份信息识别，完成与中央管理部分的信息交流，对符合放行条件的车辆予以放行。

1. 道闸

道闸又称挡车器，一般安装在智能停车系统的入口安全岛上，通过其挡车杆的起落实现车辆的放行。现广泛应用于公路收费站、智能停车系统管理车辆通道，用于管理车辆的出入。道闸可单独通过无线遥控实现起落杆,也可以通过智能停车系统实行自动管理,入场自动识别放行车辆,出场时,收取停车费后自动放行车辆。根据道闸的使用场所,其闸杆可分为直杆、栅栏及曲臂杆等,如图3-4所示。

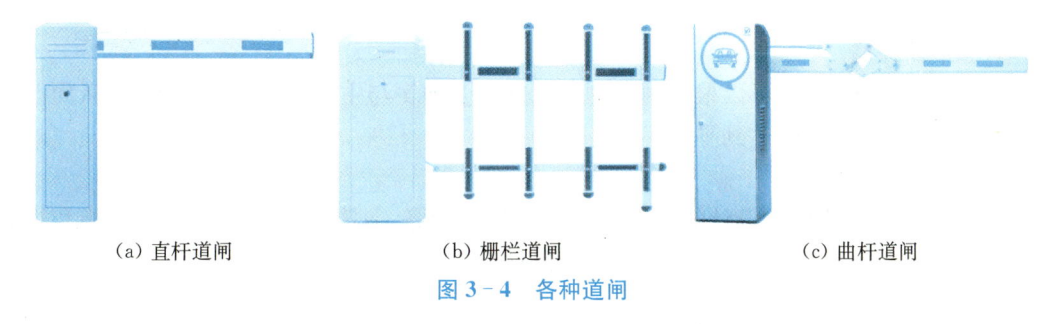

(a) 直杆道闸　　(b) 栅栏道闸　　(c) 曲杆道闸

图3-4　各种道闸

道闸主要由机箱、闸杆、一体化机芯、电机、传动机构、平衡弹簧、道闸控制板、手动摇把、无线接收器等部分组成,如图3-5所示。

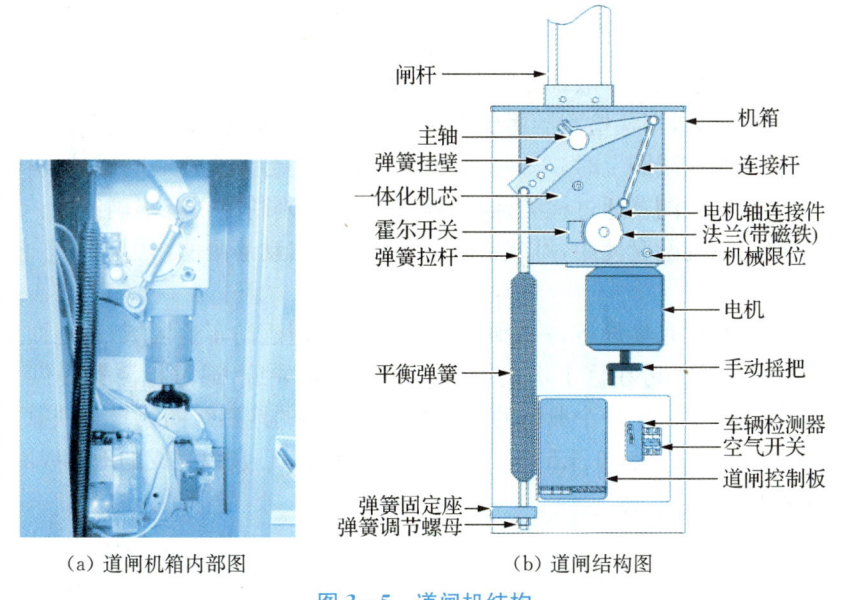

(a) 道闸机箱内部图　　(b) 道闸结构图

图3-5　道闸机结构

(1) 机箱

用于安装道闸系统的相关部件,要求其结构坚实牢靠,耐风雨耐擦洗,外观色彩要鲜明,机箱的外壳能用钥匙打开和拆下,方便操作和维修。

(2) 闸杆

安装在道闸机箱背面的杆把座上,随着主轴的转动实现水平到垂直的90°运行。

(3) 一体化机芯

将变速器、变矩机构等部件集成于一体,大大减少了机箱内部部件数量,大幅度提升了设备的整体可靠性。

(4) 电动机

道闸电动机要用电安全,具备开、关、停控制等功能。

23

(5) 传动机构

用于道闸动力的传输,进而实现对闸杆的动作控制。包括弹簧挂壁、连接杆、电动机轴连接件、法兰等部件。同时防止人为抬杆和压杆,将外部作用力通过传动机构巧妙卸载到机箱上。

(6) 平衡弹簧

采用平衡拉伸弹簧,可以根据闸杆的长度来改变弹簧与主轴之间的力臂大小,从而改变弹簧的受力大小,使道闸达到平衡。

(7) 道闸控制板

一种采用数字化技术设计的智能型多功能控制设备,具有良好的智能判定功能和很高的可靠性,是智能道闸的控制核心,用于实现道闸系统的自动控制。

(8) 手动摇把

当道闸出现故障时,可手动操作摇把控制道闸的抬落杆。

(9) 无线接收器

用于遥控器控制信号的接收和传送,安装在机箱外部背面的下方。

2. 地感线圈和车辆检测器

地感线圈与车辆检测器一般都是配合成套使用,是一种基于电磁感应原理的检测装置。地感线圈作为数据采集,车辆检测器用于实现数据判断,并输出相应的逻辑信号。当车辆通过地感线圈或者停在该线圈上时,车辆自身的金属材质将会改变线圈的磁通,引起线圈回路电感量的变化。车辆检测器通过检测该电感量的变化来判断是否有车辆经过。地感线圈与车辆检测器一般同道闸配套使用,可起到防砸车和车过自动落闸的作用。

(1) 地感线圈

地感线圈作为数据采集设备,一般暗埋在入口道闸附近的车道区域,在地面上先开出一个圆形或者矩形的沟槽,再在这个沟槽中埋入四到六匝导线,通过检测器提供一定工作电流,作为传感器,这就构成了一个典型的地感线圈。常用的地感线圈线材为铁氟龙高温镀锡线缆,线径一般为 0.5、0.75、1.0、1.5 等。如图 3-6 所示为已敷设完成的地感线圈现场图,图 3-7 所示为地感线圈示意图。

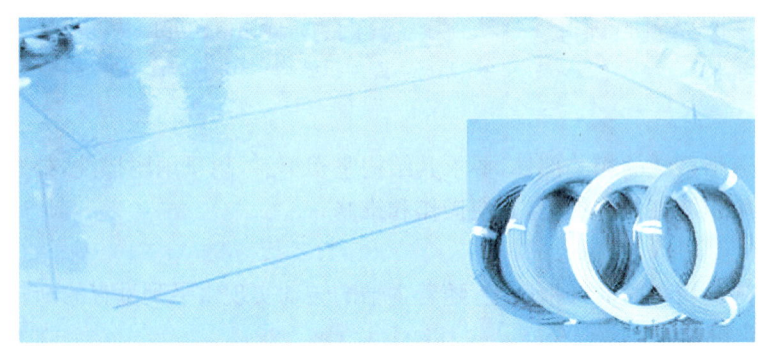

图 3-6 已敷设完成的地感线圈现场图

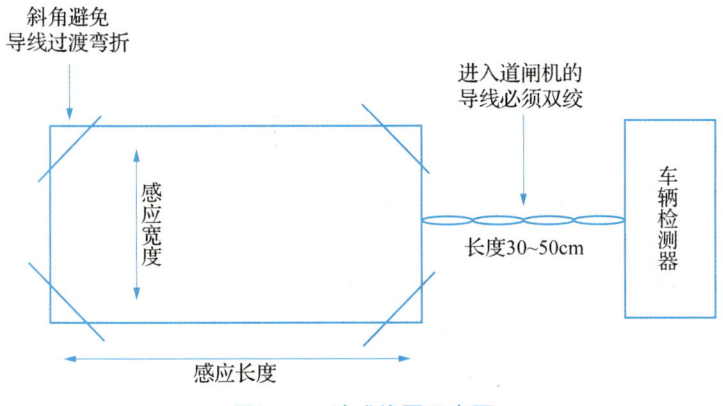

图 3-7 地感线圈示意图

（2）车辆检测器

车辆检测器根据采集的数据判断是否有车辆经过，并输出相应逻辑信号，一般集成安装在入口道闸内部。检测器一般由检测器和接线底座组成。检测器一般固定在道闸箱体内部，地感线圈的引出线接入道闸机箱与其连接，如图 3-8(a)所示。图 3-8(b)所示为检测器外部指示灯及开关定义图。

(a) 车辆检测器　　　　(b) 检测器开关定义图

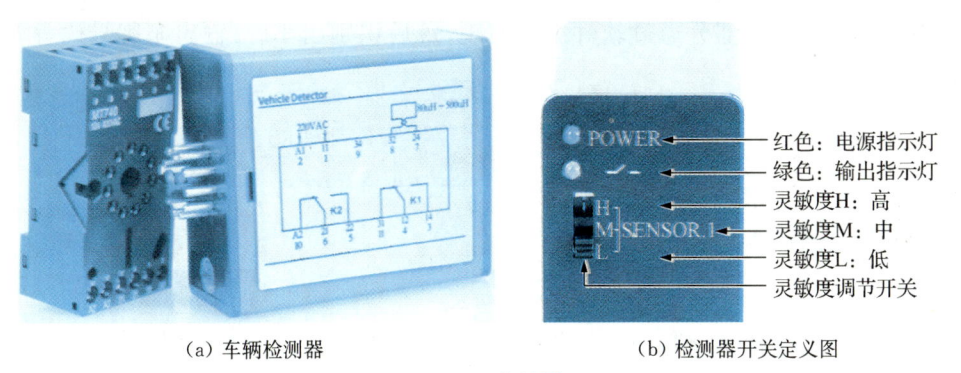

图 3-8 车检器

3. 车牌识别一体机

车牌识别一体机是计算机视频图像识别技术在车辆牌照识别中的一种应用，即从图像信息中将车牌号码提取并识别出来，其主要包括识别摄像机和信息显示等部分，一般安装在入口道闸附近，该设备具有自动采集识别和显示车牌信息、语音提示、图像采集、控制道闸等功能。如图 3-9(a)所示为常见的车牌识别一体机。车牌识别一体机主要由高清识别摄像机、通行指示灯、LED显示屏、补光灯、安装支架等构成，如图 3-9(b)所示。

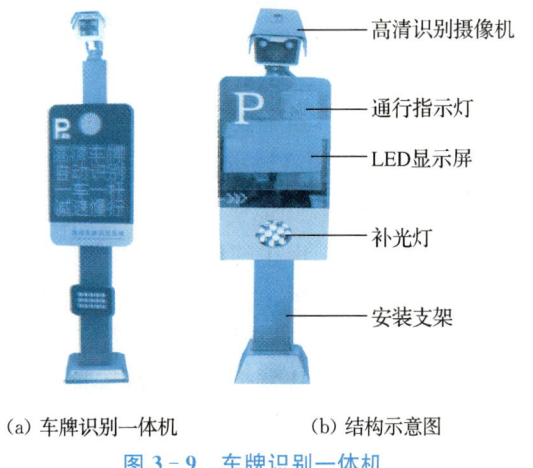

(a) 车牌识别一体机　　　　(b) 结构示意图

图 3-9 车牌识别一体机

(1) 识别摄像机

识别摄像机是基于嵌入式的智能高清车牌识别一体机产品,其内部主要包括高清车牌识别抓拍单元、镜头和内置补光灯等。高清车牌识别抓拍单元是高清识别摄像机的核心部件。

(2) 信息显示部分

信息显示部分集成安装在车牌识别一体机的箱体中,包括 LED 显示屏、电源模块、语音模块、控制主板、补光灯等。LED 显示屏主要有智能红绿灯通行提示、车牌信息显示等功能,绿灯亮表示车辆允许通行,同时显示车牌号码等相关车辆信息。语音模块通过控制板实现语音提示播报,可根据需求自定义语音内容,如"欢迎光临""一路平安"等。控制主板是信息显示部分的控制核心,通过与高清识别摄像机的信息交流,智能控制各组成部分。补光灯会在夜间或者光线较暗的环境下打开,完成对高清识别摄像机的补光操作。

(3) 车牌识别技术

车牌识别技术是指对摄像机所拍摄的车辆图像或动态视频,经过机器视觉、图像处理和模式识别等算法处理后,自动读取车牌号码、车牌颜色等信息的技术。当检测到车辆到达时,触发图像采集单元采集当前的视频图像,车牌识别单元对图像进行处理,定位出牌照位置,再将牌照中的字符分隔出来进行识别,然后组成牌照号码输出。

车牌识别的主要工作过程分为图像采集、图像处理、车牌定位、车牌校正、字符分割、字符识别和结果输出。各部分通过软件编程实现,最后识别出车牌,输出车牌号码等相关信息,如图 3-10 所示。

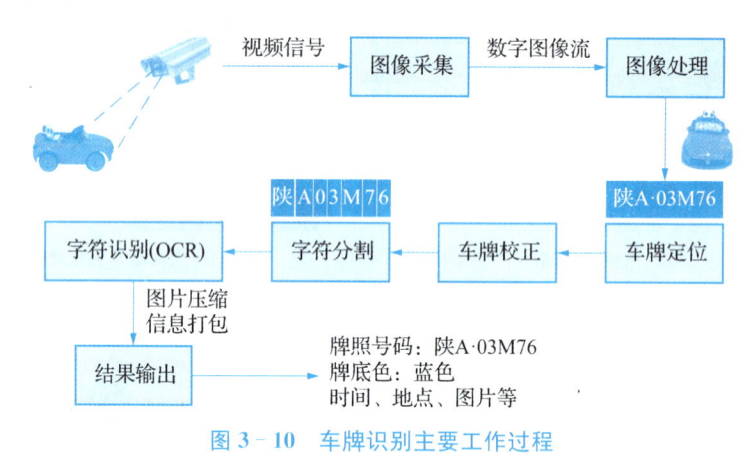

图 3-10 车牌识别主要工作过程

① 图像采集 根据车辆检测方式的不同,图像采集一般分为两种方式。一种是静态模式下的图像采集,通过车辆触发地感线圈红外或雷达等装置,摄像机在接触到触发信号后抓拍图像,另一种是视频模式下的图像采集,车辆进入识别区后,摄像机会自动抓拍识别。

② 图像处理 由于图像质量容易受光照天气等因素的影响,所以在识别车牌之前,需要对摄像机和图像做一些预处理,得到车牌最清晰的图像,如摄像机的自动曝光处理、自动逆光处理、图像的噪声过滤、图像缩放等。

③ 车牌定位 从整个图像中准确地检测出车牌区域是车牌识别的重要步骤,如果定位失败或不完整,会直接导致识别失败,为提高定位的准确率,车牌识别系统都会让用户自己

根据现场环境调整摄像机和软件系统,设置合适的识别区域。

④ 车牌校正　由于受拍摄角度,镜头等因素的影响,图像中的车牌可能会存在倾斜或梯形畸变等变形情况,这时就需要进行车牌校正处理,利于后续的识别处理。目前常用的校正方法有变换法、旋转投影法、透视变换法等。

⑤ 字符分隔　车牌字符分隔是利用车牌文字的灰度、颜色、边缘分布等特征,将单个字符分别提取出来,保证车牌类型的匹配和字符的正确识别。一般常用的算法有连通域分析、投影分析、字符聚类和模板匹配等。

⑥ 字符识别　对分割后的字符图像进行归一化处理特征提取,然后与字符数据库模板进行匹配,选取匹配度最高的结果作为识别结果,目前比较流行的字符识别算法有:模板匹配法、人工神经网络法、支持向量机法和Adaboost分类法等。

⑦ 结果输出　将车牌识别结果以文本格式输出,包括车牌号、车牌颜色、时间、地点和图片等。

二、场区部分

场区部分一般由车位引导系统、反向寻车系统、视频安防监控系统、紧急报警系统等组成,应根据安全防范管理的需要,选用相应系统,各系统宜独立运行。

1. 车位引导系统

车位引导系统,最常用的是视频车位引导系统,如图3-11所示。它是基于视频识别技术,通过安装在车位上方的视频车位检测器来判断当前车位状态,从而统计出当前车场的空车位数,再通过引导屏的显示以及车位上方的红绿指示灯来引导车主快速停车。车位引导系统一般包括视频车位检测器、入口信息屏、室内引导屏等设备,该系统实现引导车辆场内通行、监视车辆数量、进行车位管理等功能。

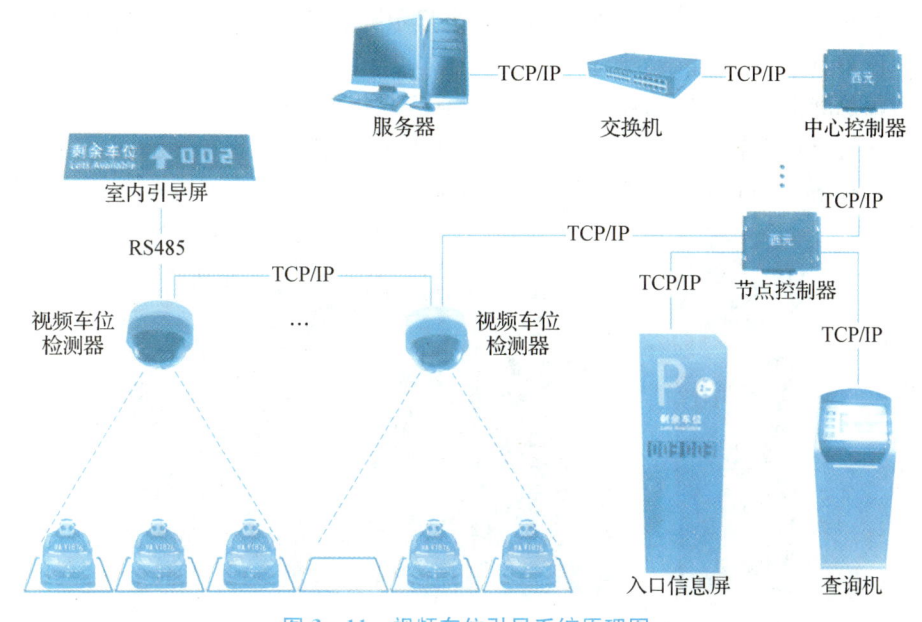

图3-11　视频车位引导系统原理图

（1）视频车位检测器

视频车位检测器是基于视频识别技术来判断当前车位状态、车位上的车辆信息等，从而统计出当前车场的停车信息，一般安装在车位的前上方，用于车位引导与反向寻车系统，如图 3-12 所示。视频车位探测器由探测器主体和指示灯组成，探测器主体为摄像头，获取车位图像信息；而集成一体化的指示灯则根据探测器的指令显示出不同状态的颜色。检测器内置彩色指示灯，默认显示颜色设置为红色表示已占用车位，绿色表示空车位。

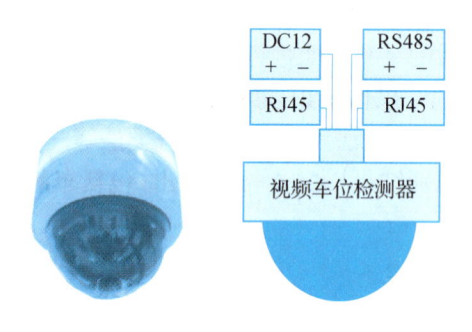

图 3-12 视频车位检测器

RJ45 接口用于连接下一个视频车位探测器，实现检测器之间的手拉手连接。首端或者末端的 RJ45 口连接至网络管理设备即可。RS485 接口用于连接入口引导屏和室内引导屏，使得引导屏正确显示引导信息。电源接口的供电需求为 DC12V。

（2）入口信息屏

入口信息屏，一般安装在入口安全岛上或车库入口处，用于显示整个智能停车系统或者区域的剩余车位信息，显示数字字符，可单独或联网使用，如图 3-13(a) 所示。显示内容可以是整个车库的空余车位数，也可以是各区的空余车位数。通过管理系统和车位监控相机可以获知空车位的占用情况，并反映在入口信息显示屏上，驾车者根据入口信息屏可以知道空余车位的数量。

入口信息屏由 LED 显示屏、控制主板和电源模块组成，如图 3-13(b) 所示。LED 显示屏用数字字符显示当前剩余车位信息。控制主板完成信息的接收和显示命令，其信息接口一般为 RS485 接口，可用于连接视频车位检测器。

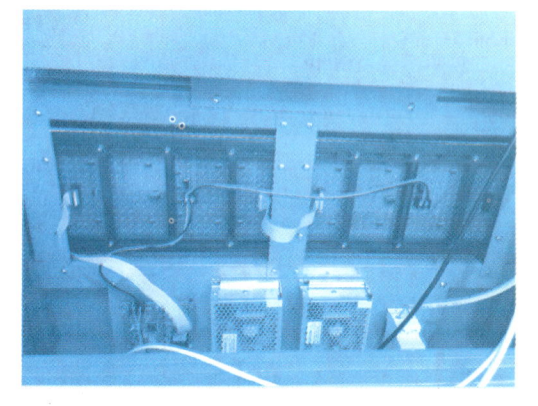

(a) 入口信息屏   (b) 入口信息屏内部

图 3-13 入口信息屏

(3) 室内引导屏

室内引导屏用于显示当前区域的空余车位数,一般安装在智能停车系统道路拐角、分岔口等位置,驾车者根据引导屏可以知道空余车位的数量,以及前往空车位的停车区的行进方向,如图 3-14 所示。室内引导屏通过 RS485 通信方式与该区域内的视频车位检测器连接通信,实时显示当前区域的空车位数量。

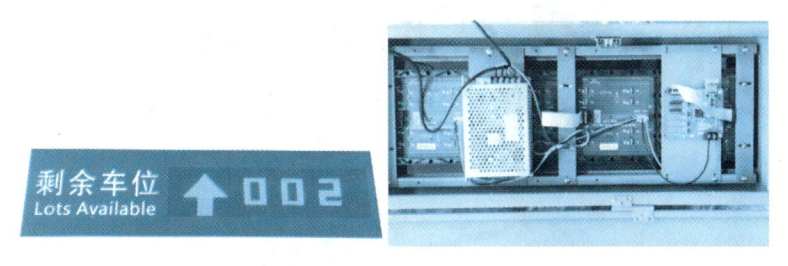

(a) 室内引导屏　　　　　　(b) 内部结构图

图 3-14　室内引导屏

2. 反向寻车系统

反向寻车系统一般由视频车位检测器、查询机和反向寻车管理软件组成。视频车位检测器实时检测当前车位的状态,提供当前车位的车辆信息给查询机。

查询机一般安装在智能停车系统内各电梯口或楼道口,车主可在查询机上输入自己车辆的车牌或车位号等信息,查询自己车辆的停放位置,同时查询机可根据当前位置规划出方便快捷的寻车路线,使车主快速地找到自己车辆停放位置,如图 3-15 所示。

图 3-15　查询机

反向寻车管理软件安装在查询机上,软件中导入了智能停车系统的电子地图,可以直观地显示出最优寻车路线。查询机通过网络双绞线与服务器连接,可实时更新车辆信息。

三、中央管理部分

1. 岗亭

岗亭是智能停车系统的管理中心室,一般设立在各出入口的安全岛上,方便系统管理,如图 3-16 所示。岗亭的面积一般要求在 4 平方米以上,内部一般会安装数据交换机、计算机等中心管理设备,同时会配有工作人员在里面办公,主要负责临时车辆的管理和收费,对

29

于一些没有临时车辆的智能停车系统,也可以不设立岗亭。

图 3-16 岗亭

2. 数据处理中心

数据管理中心一般包括数据交换机、计算机及智能停车系统管理软件等。

数据交换机用于连接智能停车系统各部分的数据采集设备,包括识别摄像机、视频车位检测器、查询机和计算机等,统计智能停车系统的车位信息以及与上层主机或者智能停车系统服务器进行数据交互。

计算机是智能停车系统的控制中心,其作用是协调和控制智能停车系统所有设备的协调运行,实时监控、显示智能停车系统设备当前的工作状态,如来车情况、道闸杆上下位置、车位使用情况等信息。计算机安装有智能停车系统管理软件,能实现对系统操作权限、车辆出入信息的管理功能,对车辆的出/入行为进行鉴别及核准,并能实现信息比对功能。同时数据处理中心处理识别结果,统计车位数量以及发布车位信息,存储车牌信息供查询机查询车辆位置。

智能停车系统管理软件一般包括车牌识别管理软件、车位引导管理软件、反向寻车管理软件等,实现对智能停车系统的智能管理。

第三节 工作原理

一次完整的停车过程主要包括车辆进场、车位引导、停车入位、寻车、车辆出场等。

一、车辆进场

当车辆到达入口处,进入入口识别摄像机识别范围,摄像机开始识别车辆信息,并在服务器管理软件上显示,等车辆走到触发线时,摄像机抓拍车辆入场照片,并向入口道闸发出触发信号,道闸动作,闸杆升起,同时显示屏显示车辆信息,发出语音提示,车辆进入。

当车辆经过入口地感线圈时,车辆检测器检测到有车辆经过,保持道闸杆处于抬起状态,防止砸车。当车辆驶出地感线圈检测范围后,车辆检测器向入口道闸发出关闸信号,道闸动作,闸杆落下。

二、车位引导

车位上方均安装了视频车位检测器,用来检测当前车位是否被占用,精确统计出相关车位信息。进入的车辆根据入口信息屏的剩余车位信息,选择进入智能停车系统相应区域,再根据室内引导屏及视频车位探测器的状态指示灯等信息,快速寻找到可停放车位。

三、停车入位

当车辆驶入停放在车位时,视频车位检测器检测到车辆入库,并将车辆相关信息发送至中央管理部分,告知系统车位已被占用。

四、寻车

车主在就近的查询机上输入自己车辆的车牌或车位号等信息,查询车辆的停放位置,选择正确查询结果,点击查看路线,根据系统规划的最优路线,快速找到车辆。

五、车辆出场

车辆驶出车位时,视频车位检测器检测到车辆驶离,并将相关车位信息发送至中央管理部分,告知系统车位未被占用。

车辆来到出口处,进入出口识别摄像机识别范围,摄像机开始识别车辆信息,并在服务器管理软件上显示,等车辆走到触发线时,摄像机抓拍车辆出场照片,向出口道闸发出触发信号,道闸动作,闸杆升起,同时显示屏显示车辆信息,发出语音提示,车辆驶出。

当车辆经过出口地感线圈时,车辆检测器检测到有车辆经过,保持道闸杆处于抬起状态,防止砸车。当车辆驶出地感线圈检测范围后,车辆检测器向出口道闸发出关闸信号,道闸动作,闸杆落下,车辆驶出智能停车系统。

项目实施

一、项目背景

某公司新办公写字楼目前正在紧张施工中,正式投入使用后地下车库配套的智能停车管理系统也需同步启用。本方案根据现场勘查的情况,结合公司车辆管理的实际需求,实现车辆进出的高效智能化管理。

地下车库共5层,地下1层到4层计划为社会车辆停放区域,地下5层为公司内部固定车辆停放区域。地面进入地下车库共有3处进出口,每处设置1进1出通行车道,其中地下4层到地下5层有2处通道,每处设置1进1出通道(场中场模式),实现公司车辆自动识别进出,拦截外来车辆进入地下5层。出入口的实景图如图3-17所示。

图 3-17　智能停车场的出入口

二、建设思路

为响应政府鼓励 ETC 在停车场等涉车场所应用的号召,本项目采用的停车管理系统定位是无人值守系统,基于先进的 ETC 技术,辅以摄像机抓拍技术识别车辆信息,两种识别技术互补,实现所有车辆(有无 OBU)都可自动识别抬杆。针对外来社会车辆提供 ETC、微信、支付宝等多种缴费方式供车主选择,实现进出车辆不停车通行,提高上下班高峰期车辆的通行效率。

车辆通行方案通常分为 2 种:(1)有车载电子标签车辆,系统默认优先通过 ETC 技术实现自动识别进出管理;(2)无电子标签车辆,通过车牌识别抓拍技术实现自动识别进出管理。按通行车辆的进出权限可分为以下 2 种:

1. 固定车辆

系统管理员在车辆管理机上通过登录车辆管理系统,添加固定车辆的车牌、有效使用期限。当公司固定车辆在进出地下 5 层停车区时,ETC 天线或车牌识别摄像机获取通行车辆的车牌信息,通过与系统中准入车辆的固定车牌作比对,若是车牌号在系统授权的车辆名单里,道闸机自动抬起免费放行,实现内部职工车辆的不停车高效进出,无需人工干预。

2. 社会车辆

入口处,自动识别不停车进场,识别失败或无牌车可自助扫码进场;出口处,场内可以用手机扫墙上的固定二维码,提前支付停车费,到了地库出入口识别区域后自动识别抬杆,未在场内自助扫码缴费的车辆行驶到地库出口后,若车辆有车载标签和 ETC 卡,优先扣除 ETC 卡里的金额,非 ETC 车辆或车辆 ETC 扣款失败后可用手机自助扫码缴费离场。

智能停车收费系统采用集中式管理、分布式架构的设计思路，全面实现停车流程的一体化管理。车道端安装栏杆机、车道控制器、车牌识别摄像机、LED显示屏、ETC天线及立柱，并在地面切割配套的地感线圈。中心端主要由服务器和车辆管理机组成。智能停车系统的硬件构成图如图3-18所示。

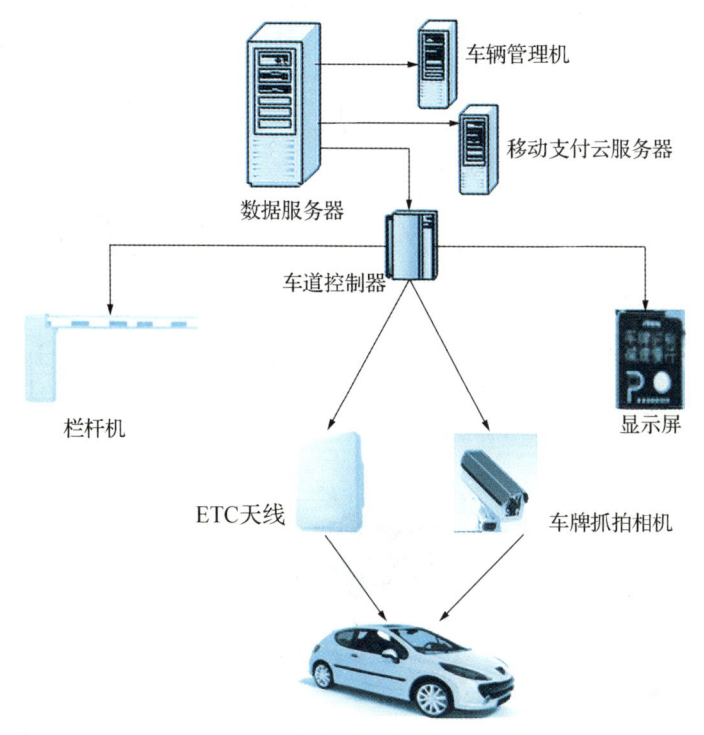

图3-18 道闸系统的硬件构成图

① 道闸(栏杆机)：车辆出入控制；
② 车辆检测器：检测车辆以及触发车辆抓拍信号；
③ 车道控制器：负责整个通行车道的相关设备控制和管理；
④ 车牌识别设备：对车辆车牌进行抓拍和识别，获取通行车辆的车牌信息；
⑤ ETC天线设备：和车载电子标签无线通信，识别获取车牌信息；
⑥ 地感线圈：辅助判断车辆位置，分为车牌识别触发线圈和栏杆机落杆线圈；
⑦ 数据服务器：存储车辆通行的原始记录，部署车辆管理系统；
⑧ 移动支付云服务器：通过移动支付云接口与支付宝、微信云服务通信；
⑨ 车辆管理机：工作人员对车辆授权，查询车辆进出记录。

三、组成架构

本系统的组成架构主要包括前端检测控制系统和后端管理系统，如图3-19所示。

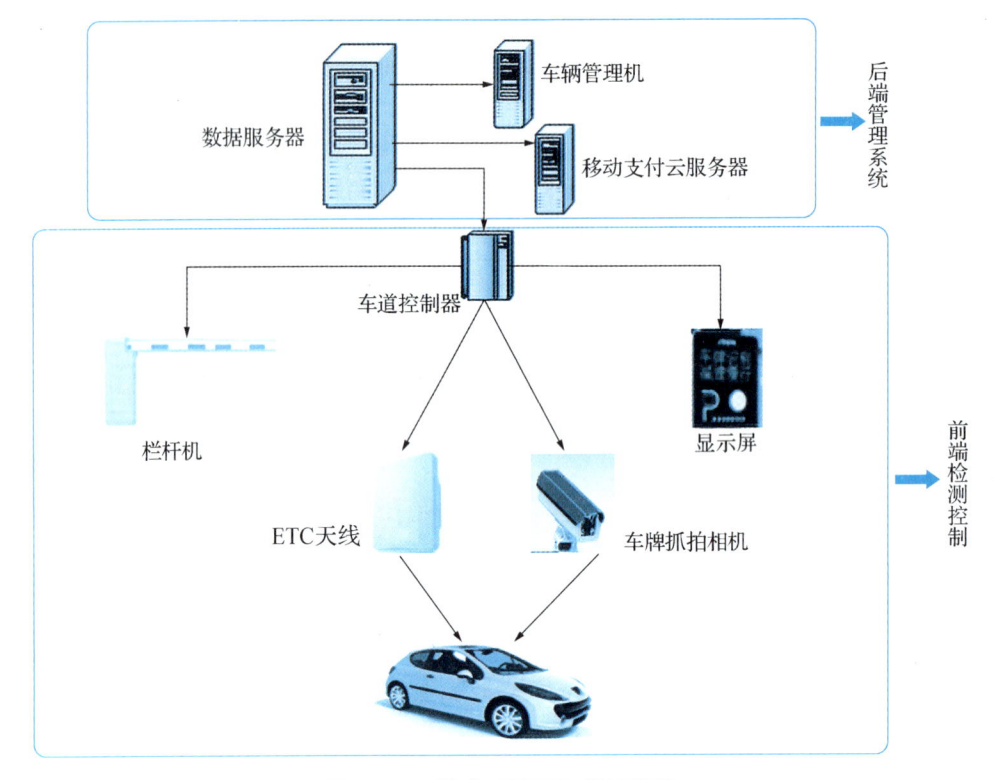

图 3-19 停车系统的组成架构图

1. 后端管理系统

① 强电需求：后端服务器、管理机建议部署在中心机房里，便于协同监控安防系统统一管理。后端管理系统的服务器需要 220 V 供电，建议接入机房的 UPS 电源。

② 网络需求：后端需跟地库进出口前端的检测控制设备互联（停车管理系统内部网络）；后端服务器同时也需要公网链路，支持 ETC 和微信、支付宝支付。

2. 前端检测控制系统

① 强电需求：前端检测控制系统的硬件设备需要 220 V 供电，在地库进出口就近的配电箱预留供电端口，有条件的话建议接入 UPS 电源。

② 网络需求：地库进出口的前端检测控制设备需和后端服务器网络连通，在就近的弱电控制箱预留网口，地下车库每一层的进出口处至少预留 2 个网口（1 个备用）。

停车智能系统由车道端设备、智能停车管理系统软件和网上云平台组成。系统的网络结构图如图 3-20 所示。地下 1 层进出口 1 的平面布局图如图 3-21 所示。

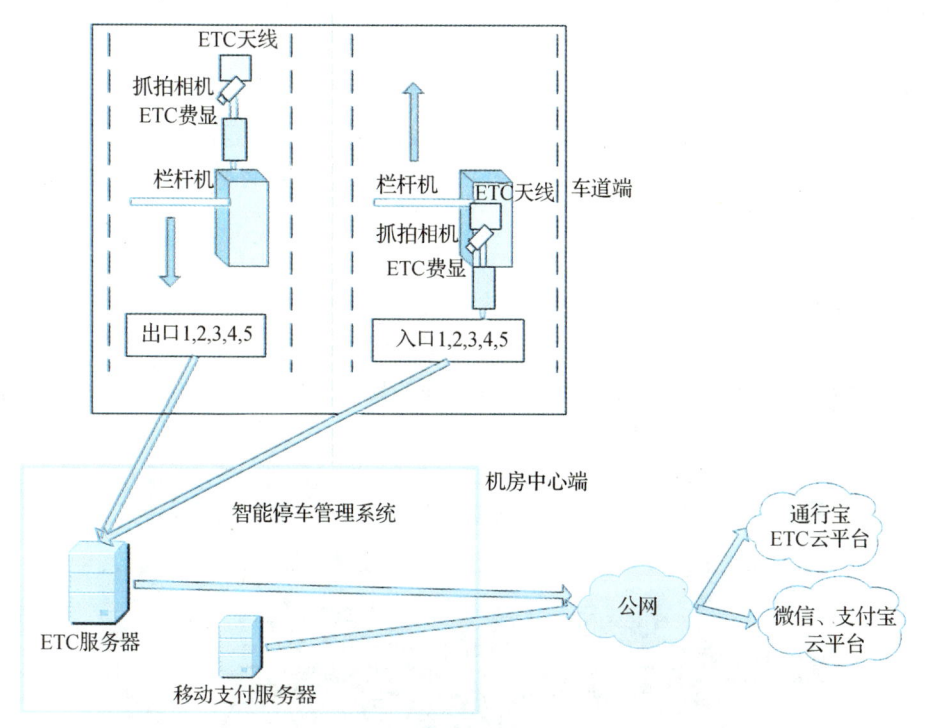

图 3-20　系统的网络结构图

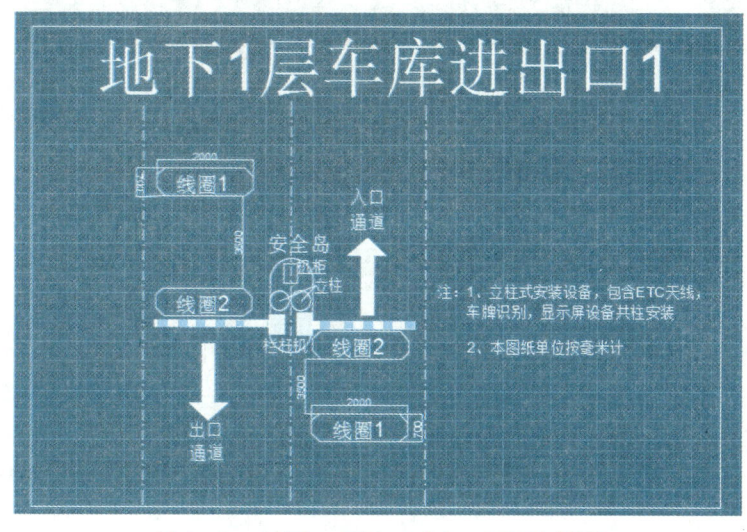

图 3-21　地下 1 层车库出入口平面布局图

四、系统功能

车辆驶入地下停车场后,司机在布设于地库入口处的停车诱导屏上可查看当前智能停车系统的总车位数、剩余车位数、空闲车位具体分布位置。车辆驶入智能停车系统的空闲车位后,触发高位摄像头或地感线圈捕捉车辆停放信号,后台系统将该车位状态置为占用,并更新诱导屏信息。

1. 视频车位监视功能

如图3-1所示,视频车位检测器基于视频识别技术来判断,实现停车场内停车位信息采集、车辆识别、停车拍照和视频取证,提供全过程证据链。视频车位检测器通过判断车辆的驶离,将数据实时传输给后台管理系统,并由后台管理系统再将数据反馈给交通诱导显示屏,从而发布车位空闲状态。

2. 停车诱导屏

停车诱导屏将显示五十个车位的实时信息,如果该车位有车,在显示屏上该车位将会显示红色,如果该车位没有车,在显示屏上该车位将会以绿色显示,并将三个区域分块划分。地感线圈区域和高位相机区域由于使用两种不同的传感装置,这两个区域的数据先收集汇总到平台,再从平台导入诱导屏显示。

图3-22 视频车位检测器示意图

3. 车辆管理系统功能(见表3-1)

停车场的后台服务器上部署车辆管理系统,系统采用B/S架构,管理人员可通过内部局域网的电脑打开浏览器登录管理系统实现固定车辆信息的登记办理、录入及修改维护功能;管理系统可实时查询车辆通行记录及收费金额,系统具备自动汇总原始流水记录产生报表功能和人性化的系统配置功能,为停车场管理人员提供集中式、智能化的车辆管理体验。

表3-1 车辆管理系统功能表

功能模块	分项功能	功能描述
车辆管理	基本信息管理	对停车场基本信息、出入车道以及车位信息进行管理,并可提供专用车位的设置和维护功能
	包月车辆管理	车辆信息录入、修改,实现固定车辆的包月管理
	临时车辆	临时车辆的进出管理

续表

功能模块	分项功能	功能描述
系统管理	用户管理	对系统用户信息进行管理
	角色管理	对系统角色信息进行管理,拥有相同权限的用户可以设置为同一角色
	权限设置	可对角色进行权限设置,属于某一角色的用户拥有该角色的所有权限
查询统计	综合查询	系统支持根据ETC卡号、车牌信息、姓名、联系方式等信息查询车辆的进出记录,并支持调出相应的抓拍图片
	统计报表	系统支持车辆通行明细、包月车辆信息的查询统计结果并支持导出功能
	收费管理	预留收费功能,可支持对外来车辆临时停放的计费管理,系统自动按设置好的标准计费

五、核心设备清单(见表 3-2)

表 3-2 智能停车管理系统核心设备表

序号	名称	单位	数量	备注
1	车道控制器	套	5	含软件
2	机柜	套	5	室外机柜
3	高清车牌识别摄像机	套	10	
4	ETC天线	套	10	
5	线圈	个	20	含线缆敷设
6	栏杆机	套	4	地库折叠杆高度<2.2米
7	栏杆机	套	6	室外单杆,杆长3米
8	显示屏	个	10	
9	车辆检测器	个	20	
10	网络交换机	个	10	
11	立柱	套	10	

课后测评

一、单项选择题

1. 入口部分一般包括(　　)、车牌识别一体机、地感线圈和车辆检测器等。
   A. 计算机　　　　　B. 道闸　　　　　C. 数据处理中心　　D. 视频车位检测器
2. 停车场地感线圈作为(　　),在暗埋导线时,需注意(　　)。
   A. 车辆检测装置,线圈埋设成规整矩形
   B. 数据采集设备,线圈斜角埋设避免导线过度弯折
   C. 车辆检测装置,线圈斜角埋设避免导线过度弯折
   D. 数据采集设备,线圈埋设成规整矩形

二、多项选择题

1. 车位引导系统主要包括(　　)等设备。
   A. 视频车位检测器　　　　　　　B. 入口信息屏
   C. 室内引导屏　　　　　　　　　D. 道闸
2. 反向寻车系统主要包括(　　)等设备。
   A. 视频车位检测器　　　　　　　B. 查询机
   C. 室内引导屏　　　　　　　　　D. 反向寻车管理软件
3. 车牌识别一体机具备下列哪些功能(　　)。
   A. 采集车牌信息　　　　　　　　B. 显示车牌信息
   C. 语音提示　　　　　　　　　　D. 控制道闸

三、简答题

1. 智能停车系统由哪几部分组成,各部分有哪些设备,各设备的功能是什么?
2. 车牌识别技术是怎样实现的?
3. 谈谈什么是车位引导系统。
4. 场区部分一般由哪几大系统组成?
5. 判断车位上是否有车可以采用哪些设备?

交通视频监控系统

项目四

项目描述

某校园内基于学校各功能空间布局,校园主干道设置为环形单行车道,车辆进入校园后右转,按逆时针单向行驶。因此,路段途径行政楼、教学楼、体育馆、食堂等场所,车流和人流量较大,需对车辆车速进行控制,进行区间测速。此外,在实际情况中发现,部分路段存在车辆逆行的情况,会对正常行驶车辆和行人的安全产生影响,因此,需要对部分路段进行逆行监测。根据上述分析,设计校园区间测速和逆行监测系统,满足校园道路交通安全监管的需要。

学习目标

1. 掌握交通视频监控系统的组成;
2. 掌握交通视频监控系统的功能和作用;
3. 理解交通视频监控系统的应用;
4. 理解分析区间测速和逆行监测校园案例。

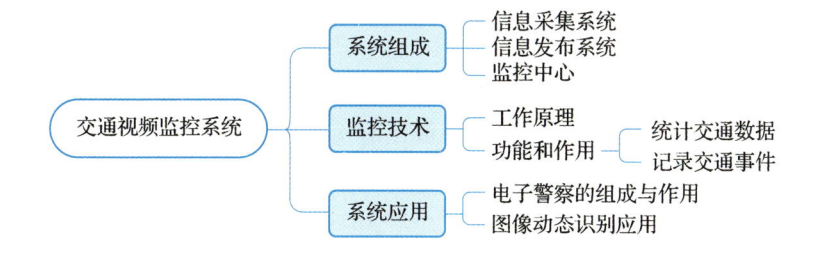

知识引导

```
                          ┌─ 信息采集系统
              ┌─ 系统组成 ─┼─ 信息发布系统
              │           └─ 监控中心
              │                          
交通视频监控系统─┼─ 监控技术 ─┬─ 工作原理
              │           └─ 功能和作用 ─┬─ 统计交通数据
              │                         └─ 记录交通事件
              │           ┌─ 电子警察的组成与作用
              └─ 系统应用 ─┤
                          └─ 图像动态识别应用
```

第一节　系统组成

交通视频监控系统是车辆行驶的动态保障系统,与其他静态(安全、管理)设施共同构成了保障道路交通高效、安全的基础。

交通视频监控系统由信息采集(子)系统、信息发布(子)系统和监控中心三大部分组成。

1. 信息采集系统

交通信息采集(子)系统的功能,就是对原始信息的实时收集和预处理,使其转化成符合系统要求的信息文件。现代道路上设置的用于采集交通及相关信息的设备和装置有摄像机、地感线圈及红外线检测装置等。

2. 信息发布系统

信息发布(子)系统是安装于道路沿线用来提供交通信息发送、诱导、控制、指挥等指令的设备,是将控制中心的指令传输到道路沿线的载体,主要由有线和无线信息传输网络构成,如交通电台、交通诱导牌、可变交通标志等。

3. 监控中心

监控中心是采集系统、信息提供系统的中心环节,是实施交通信息处理、交通控制和管理的核心,主要由大型多功能计算机、大型显示设备及控制台组成。

第二节　监控技术

对于交通管理人员,交通路口的电视图像是最直接的交通信息,同时也是最大的交通信息源。随着人们对图像信息研究和应用的深入,视频图像含有丰富的交通信息,操作员可从视频图像中直观地获取现场的交通情况。

一、视频检测技术的工作原理

视频检测对摄像机有一定要求。照度与分辨率的要求与一般电视监视系统的要求相同。在安装位置上要求摄像机位置较高,一般正对检测区域为好。

其工作流程如下:

① 摄像机安装在合适的高度(一般为 5~20 m)。
② 摄像机输出接到视频检测器上。
③ 在摄像机画面上设置检测线和检测区。
④ 通过图像处理板,经特殊算法,得到交通数据。
⑤ 通过视频压缩板和通信板,视频检测器得到的图像和数据可传到远端控制中心。
⑥ 最后得到的是叠加有交通数据的视频图像,交通数据则可通过通信口输出。

二、视频技术的功能和作用

① 用于统计交通数据。包括车辆总量、占有率、车辆分类、车流率、车头时距和车速等交通数据。

② 用于与事件有关的交通数据。根据检测到的数据,可以产生不同的报警。当检测到某一事件发生时,系统自动报警以提示操作员。操作员可从图像上了解事件发生的地点及当时的交通状况,并采取相应的交通管理措施。

与传统方式相比,视频检测具有图像监视和交通数据采集双重作用,具有安装简单、无须破路、高检测率、使用寿命长、维护费用低、交通数据和图像集成等优点。

第三节　系统应用

目前,监控系统在城市智能交通领域的应用非常广泛。其中,"电子警察"就是一种最常见的应用。

电子警察即交通状况监视器,又称"电子眼",它可以把交通状况如实地记录下来,并反映到交通管理监控中心。电子警察系统是将现代计算机控制技术、计算机通信技术、视频技术、电磁感应技术、数码拍摄、视频记录等技术运用到道路交通管理的一项新型技术。

一、电子警察的组成与作用

典型的电子警察通常是由图像检测(车辆感应)、拍摄、采集、处理、传输与管理以及辅助光源、辅助支架和相关配套设备等几个部分组成。

1. 图像检测部分

在系统中起车辆感应的作用,主要有:环形线圈检测器、视频检测器、超声波或微波(雷达波)检测器、红外线检测器等几种。其中环形线圈检测器具有成本低廉、检测精度和可靠性高、适应性好等优点,使用最为广泛。

2. 图像拍摄部分

在系统中起图像抓拍的作用,主要有照相机和摄像机。其中照相机目前基本上多采用数码照相机,极少使用传统的胶片式照相机(繁锁、后期使用成本高、实时性差)。

3. 图像采集部分

在系统中起图像采集即将模拟视频图像数字化的作用,通常采用多路视频图像采集卡,将多路模拟视频图像经过多路切换器、A/D变换器以及裁剪、压缩编码后变成数字视频信息。

4. 图像处理部分

事实上,应包括控制主机和系统应用软件两个部分,在系统中起控制、图像识别、存贮与管理的作用。为了保证系统在恶劣工作环境中连续不间断地自动运行,控制主机必须采用高速、大内存、大容量镜像硬盘等高性能工业级控制机或DSP处理机,以满足多路图像(包括全景和近景特写图像)的捕捉、识别、压缩、存储、比对、报警、传输和故障自诊断与管理等实时多任务、多进程的操作要求,同时尚需预留有适宜的扩展与升级余地。

5. 信息传输部分

包括本地和远程传输两个部分，在系统中起信息传递与交换的作用。

6. 信息管理部分

包括中心主机和管理软件两部分，在系统中起信息的汇集、存储、查询、统计、交换、备份、打印，嫌疑信息（如交通违章或事故逾期未处理、逾期未参加法定检验或审验、被盗抢和肇事逃逸等车辆信息）的自动比对与实时报警，系统故障自诊断与管理和远程监控，远程维护与远程报警等诸多重要作用。

7. 辅助光源

在系统中起辅助照明尤其是夜间或光线不足时补光，提高抓拍图像清晰度的作用。

8. 辅助支架

在系统中用于安装、固定摄像机或照相机和辅助光源等。

9. 其他相关配套设备

在系统中主要起保证系统相关设备正常、稳定、可靠地运行的作用。

二、图像动态识别应用

从市场对电子警察设备的要求来看，市场对电子警察设备性能有 3 个基本要求：即违章图片或图像的清晰度，设备的可靠性、稳定性和适宜的价格。目前电子警察产品在国外已普遍采用，国外一些著名厂家，如比利时 traficoon 公司和美国 ISS 公司等，都已在全世界开始推销其电子警察类似产品，国内针对我国的需求以及我国交通流的特性，也自主开发了电子警察相关产品。

目前，在国内有很多厂家在生产不同品牌的电子警察系统。就设备种类而言，有"地感线圈＋摄像机"和"视频检测＋摄像机"之分，完成抓拍闯红灯违章车辆等功能。

在电子警察系统介绍中，都提出图像识别中的主要指标，如具有 95％识别概率、识别时间≤1 s 等。但是就具体应用而言，图像识别存在的问题比较突出。表现为：总体识别精度不高、对动态的车牌识别率不高、目标识别纠错率不高、系统的稳定性不够、照明条件差情况下识别精度更差、全天候工作能力有限等。主要关注两个方面：

1. 图像的捕获问题

即违章对象的识别问题。对于速度较快的车辆识别和抓拍问题，由于拍摄的滞后性，以及多数产品晚上闪光补光的效果问题等，导致在实际应用中常常出现抓拍过路行人流、自行车和摩托车及各种阴影，以及抓拍闯红灯长车或超长车时出现中间图像过于模糊等现象。

2. 图像后期处理过程中的违章识别问题

图像的快速识别和动态处理对于交通管理的有效性作用很大。一方面，时间如果太长，司机对违章容易抵赖，影响了执法的效果和力度；而对车辆的车牌中的字符、汉字的识别更是违章界定的关键。

动态图像组合识别技术的应用主要有：

（1）一般的图像识别技术。运动对象检测是计算机视觉、运动图像编码、基于内容的检索、安全监控等视频分析和处理应用的关键步骤。

（2）电子警察应用中图像的动态性。原则上讲，电子警察实现警察的部分功能，对于交通违章监控和处理，电子警察的基本工作原理为：摄像头根据交通规则条件或者不间断地监控道路交叉口，对交叉口交通进行监控，发现违章行车或其他特殊情况，即触发记录系统，将摄像头监控到的违章行为或特殊行为视频流或图像传输到服务器，然后通过对车道图像分析，检索出违章通过的车辆，完成车型识别和违章识别，再按照车辆牌照信息进行相应的违章处理。

（3）基于特征提取的车辆检测。一般的观点认为，视频图像是前景与背景的叠加，前景就是要撷取的那部分运动图像，背景则是不变或缓变的部分。

（4）边缘的序列差分。采集的图像序列，由于量化噪声以及摄像头光圈的自动调节，使得直接差分不能有效提取出运动车辆。

（5）快速图像配准算法。对于摄像机自己移动比较大的情况，可以采用快速图像配准算法进行识别。

项目实施

一、项目背景

某校园内基于学校各功能空间布局(如图4-1)，校园主干道设置为环形单行车道，车辆进入校园后右转，按逆时针单向行驶。因此，此条路段途经行政楼、教学楼、体育馆、食堂等场所，车流和人流量较大，需对车辆车速控制，进行区间测速。此外，在实际情况中发现，部分路段存在车辆逆行的情况，会对正常行驶车辆和行人的安全产生影响，因此，需要对部分路段进行逆行监测。根据上述分析，设计校园区间测速和逆行监测系统，满足校园道路交通安全监管的需要。

二、建设思路

校园主干道设置为环形单行车道，进入校园后右拐经过行政楼、科技园，此条路段车流和人流量较大，再加上车辆进入校园时已经对车速进行控制，因此，本条路段车辆行驶速度一般不会超过校园内规定的行车速度。

车辆行经科技园左拐后的路段、运动场前路段、二食堂和实训楼之间的路段，行人较少，经常存在车辆快速行驶、逆行等情况，需将这3条路段划为驾驶行为监控路段，实现区间测速、逆行监测、道路让行等安全警示功能。

根据现有学院校区的实际情况和需求，本项目将环形主干道分为3段驾驶行为监控区域，进行区间测速和逆行监测。项目建设区域详见图4-1。

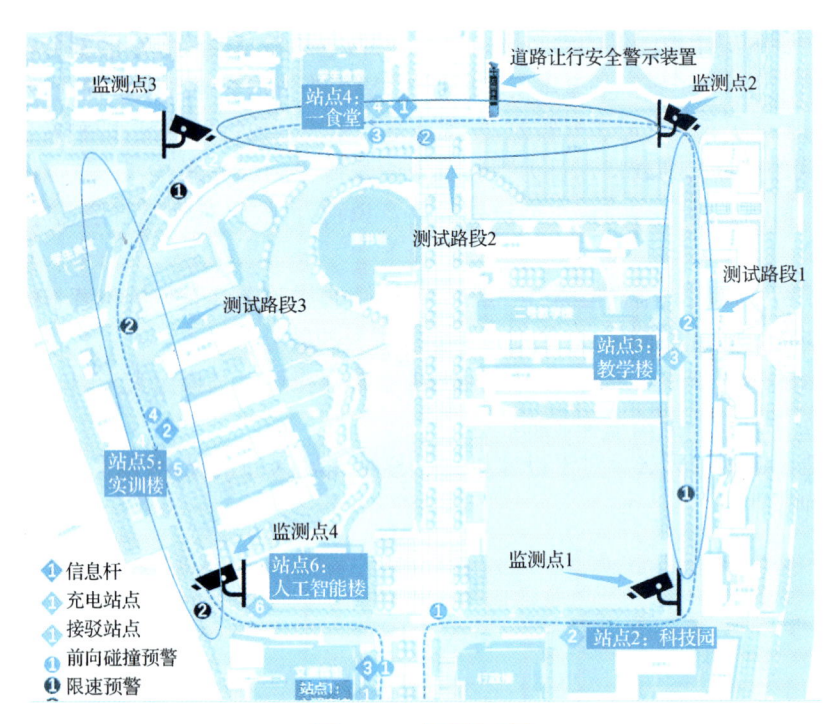

图 4-1 建设示意图

监控系统要求能够全天候 24 小时不间断地对通行区间内车辆自动进行实时检测抓拍，对区间通行车辆进行对比识别，并记录显示车辆号牌的图片。能够尽可能提供过往车辆的更多信息，包括时间、地点、车型、车辆号牌、车牌颜色、车速、方向等。

三、组成架构

本系统的组成架构主要包括前端数据采集子系统、网络传输子系统、中心管理子系统等部分。前端数据采集子系统采集的数据通过网络传输子系统传输到中心管理子系统中，进行数据集中管理、存储、共享等处理。

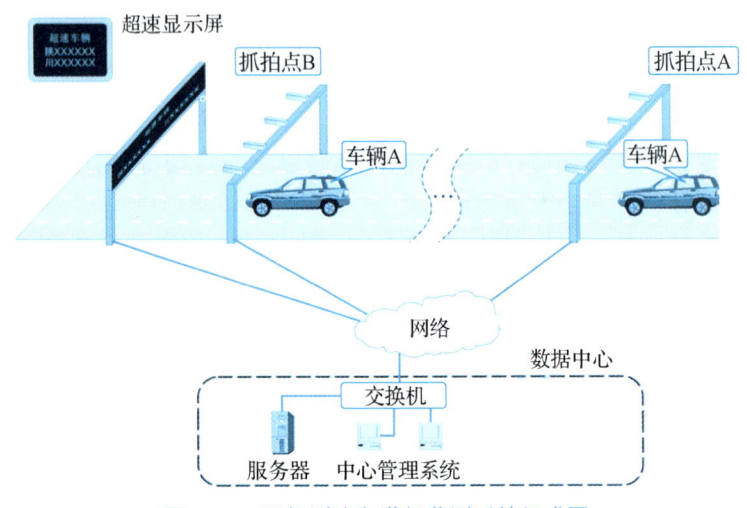

图 4-2 区间测速和逆行监测系统组成图

1. 图像采集前端

前端数据采集部分对经过的所有车辆进行检测抓拍,获得车辆图像、速度等信息,并自动实时地识别车牌字符,记录下车辆经过的时间、地点、车牌号、行驶方向等数据,在前端存储的同时全部汇入网络传输子系统,传输至中心管理平台。该部分系统由高清视频一体机、LED 补光灯、FTP 存储设备、以太网交换机、光传输设备等组成。

高清视频一体机:系统采用的高清视频一体机体,集成像与号牌识别于一体,采用高性能 DSP,同时输出高清 H.264 视频流,单台一体机可覆盖 2 个车道,支持标准网络传输协议。

FTP 存储设备:实现图片的存储、查询和断点续传功能。

补光灯:每车道一台,光线不足时补光,确保图像清晰。

以太网交换机、光传输设备:网络传输设备。

视频一体化摄像机和补光设备采用同杆安装的方案,该方案成本较低,安装实施方便。

2. 网络传输部分

网络传输部分:实现前端与后端中心的数据通信传输。主要设备包括交换机、光传输设备等。在不具备光纤联通条件下,也可以采用无线方式传输。

3. 中心管理部分

中心管理部分主要由数据(设备)接入采集、数据存储、数据管理和事务应用四大块组成。主要实现对前端数据的接收与存储、历史数据的管理应用等功能。在中心系统中可以查看各设备实时上传的图片信息,实现对路面的实时图片监控。通过客户端可以完成设备参数的设置,实现远程升级和系统维护。结合区间距离、驶入驶出时间、区间限速值等信息,通过流计算,得出车辆在区间内行驶的平均速度,并与区间限速值比较,输出车辆超速或低速违法证据链。按照相关标准规范要求,对超速车辆驶入、驶出测速区间时,抓拍到的原始图片进行二次合成。原始图片叠加信息包括:区间名称、区间距离、驶入时间、驶出时间、限速值、平均速度、防伪标志等。可导出黑名单供门禁系统使用,以控制违法车辆驶入校园。

四、系统功能

1. 超速和逆行车辆捕获

如图 4-2 所示,系统采用高清视频检测方式进行车辆检测,可准确进行车辆速度测定和对超速车辆进行抓拍,除了能够捕获在车道上正常行驶的车辆外,还可以具备捕获逆向行驶车辆的功能。监控区域内,在正常车速(5 km/h～180 km/h)范围内规范行驶的车辆图像捕获准确率达到 99% 以上。

2. 车牌识别

系统能准确识别车牌号码、颜色,在环境无雾和牌照清晰的条件下,系统车牌识别结果与实际车牌全牌准确识别率大于等于 85%(包括白天和夜间)。其中车牌自动截图牌照大小的图片,供查询车辆信息时一起调用,便于及时辨别信息准确性。

同时,对于过往的摩托车、拖拉机等机动车信息,可准确抓拍、识别车型并作保存,以"其他类别"方式与无牌、无法识别车辆予以区分保存。

车辆识别包括车牌识别、车辆类型识别、车身颜色识别,标准符合公安部《公路车辆智能监测系统通用技术条件》(GA/T 497—2009)和《机动车号牌图像自动识别技术规范》(GA/T 833—2009)的要求,全天全车牌识别率不低于 93%。

车牌识别涵盖所有牌照种类:包括 02 式个性化牌照(GA 36.1—2001)、现用 92 式牌照(GA 36—92)、新式军车牌照、外交使馆牌照、警车牌照、武警车牌照等;可识别的牌照颜色包括蓝、白、黄、黑。

3. 自动截取车牌

系统可对抓拍的高清全景图片进行车牌自动定位,按牌照大小尺寸自动截取照片并保存,与车辆全景图片共同作为一组违法图像数据,供查询车辆信息时一起调用,便于及时辨别信息准确性。

4. 智能补光

系统使用先进的光学成像技术,全天候都能拍摄到清晰的图像,同时还解决了夜间车大灯对图像的影响;系统使用 LED 补光灯,配合高频防眩频闪灯进行补光,无需长明灯,能耗低。光脉冲宽度在微秒级可调,对驾驶员影响极小。

5. 自动校时

系统具有 GPS 和 NTP 校时功能,使所有系统内的计算机设备保持同步。提供路口机时间校正接口(24 h 内计时误差不超过 1.0 s,并确保每月至少校准一次计时时钟),参数设置接口,路口设备运行情况的诊断和检测、恢复。

6. 数据检索、流量统计

系统提供按车辆信息检索的应用平台,按不同权限对数据库进行操作,并提供模糊查询、数据备份和数据打印输出功能。能够按车道和时段进行车辆流量统计,并以报表形式输出。

7. 本地存储,循环覆盖

系统记录过往车辆图像信息,对过往的车辆进行实时图像信息采集及记录,车辆信息实时传输到本地服务器,本地数据存储采用循环覆盖技术。图像信息分为车牌特写图像与车辆前景图像。车牌特写图像主要用于车牌识别及信息读取,车辆前景图像用于反映车辆特征及前排司乘人员特征。

车辆图像存储时间不小于 90 天,全景录像存储时间不小于 10 天,车辆信息及号牌特写的存储时间不小于 2 年,布/撤控信息及报警信息的存储时间不小于 3 年。

8. 设施安全保障

系统设备(室内设备和室外设备)均采取了防雷、接地措施。

系统安装有效的过载、接地、漏电、短路保护装置及稳压、二级防雷装置,防雨装置。系统设备、立杆、机箱等都有防盗、防腐、防尘、防水设计,使用过程中不会倾斜或倒塌,可抗 12 级台风和 7 级地震。

9. 开放的系统集成接口

为了不断满足新的应用和可以集成新的技术,系统的接口完全开放,可根据智能拦截与处理系统的要求进行对接和开发,实现整个系统的无缝融合。

五、核心设备技术指标

系统性能	最大分辨率	1628×1232
	CCD 尺寸	1/1.8
	最大帧频	25 fps
	适应车速	5～180 公里/小时
	车牌识别时间	＜0.1 秒
	车牌定位率	＞98％
	车牌字符识别率	＞99％
	整体识别率	＞95％
	检测功能	前卡、压线、违停、超速
	事件输出图像格式	JPEG，符合 ISO/IEC 15444:2000 的编码要求，尺寸由用户自定义
	录像输出格式	H.264 视频流，可自定义码率、分辨率
	输出信息	车辆大图、车牌小图、车牌号码和车牌颜色
	存储模式	SD 卡或网络硬盘存储模式
	平均无故障时间	MTBF≥40000 小时
	网络接口	10M/100M 自适应的 RJ45 以太网接口
	控制接口	1 路 RS485,1 路 RS232,5 路光耦输出(4 个闪灯信号、1 个频闪灯信号),4 路光耦输入
电气性能	电源	DC12V±10％
	最大启动电流	＜1.5A
	功耗	＜10 W
	工作环境温度	－30 ℃～＋70 ℃(处理单元)
	工作湿度	＜95％

课后测评

一、单项选择题

1. 交通视频监控系统由(　　)和监控中心三大部分组成。
   A. 视频识别系统、信息发布系统　　B. 信息采集系统、信息储存系统
   C. 视频识别系统、信息储存系统　　D. 信息采集系统、信息发布系统

2. 关于视频检测,下列表述中正确的是(　　)。
   A. 摄像机安装位置越高越好
   B. 摄像机画面无需进行额外处理,可以直接实现检测
   C. 视频采集的信息需要通过图像处理板,经过算法计算处理后得到交通数据
   D. 视频监测工作对摄像机分辨率和照度没有要求

3. 电子警察是城市智能交通系统视频监控的重要应用之一,关于电子警察的表述,下列说法错误的是(　　)。
   A. 电子警察通常由图像检测、拍摄、采集、处理、传输与管理以及相关辅助和配套设备等组成
   B. 电子警察可以对信息进行自动比对,发现嫌疑信息
   C. 辅助光源只在夜间发挥作用
   D. 图像拍摄多采用数码相机或摄像机

二、简答题

1. 交通视频监控系统由哪三大子系统组成?
2. 电子警察由哪几部分组成,它的作用是什么?
3. 视频检测技术工作原理是什么?
4. 视频技术的功能和作用有哪些?

城市交通诱导系统

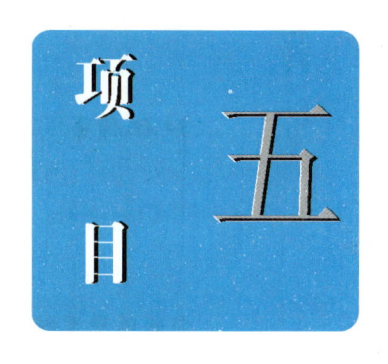

项目五

项目描述

传统的交通指示牌只能指明里程和方向,诱导功能非常有限。南京市拟对一些路段进行改造,部署 10 块智慧诱导屏。智慧诱导屏不仅显示拥堵状态,能提示预计拥堵时长以及最优通行方案,甚至还包括重要交通节点预计到达时间(ETA)。其实,智慧诱导屏只是城市交通诱导系统中最常见的路端设备,那么要构建一个完整的城市交通诱导系统需要包含哪些软硬件呢?请试着完成这个集成项目吧。

学习目标

1. 掌握交通诱导系统的定义;
2. 掌握动态路径诱导系统的组成;
3. 掌握诱导系统的组成、功能需求和技术要求;
4. 掌握交通诱导系统的设计和功能。

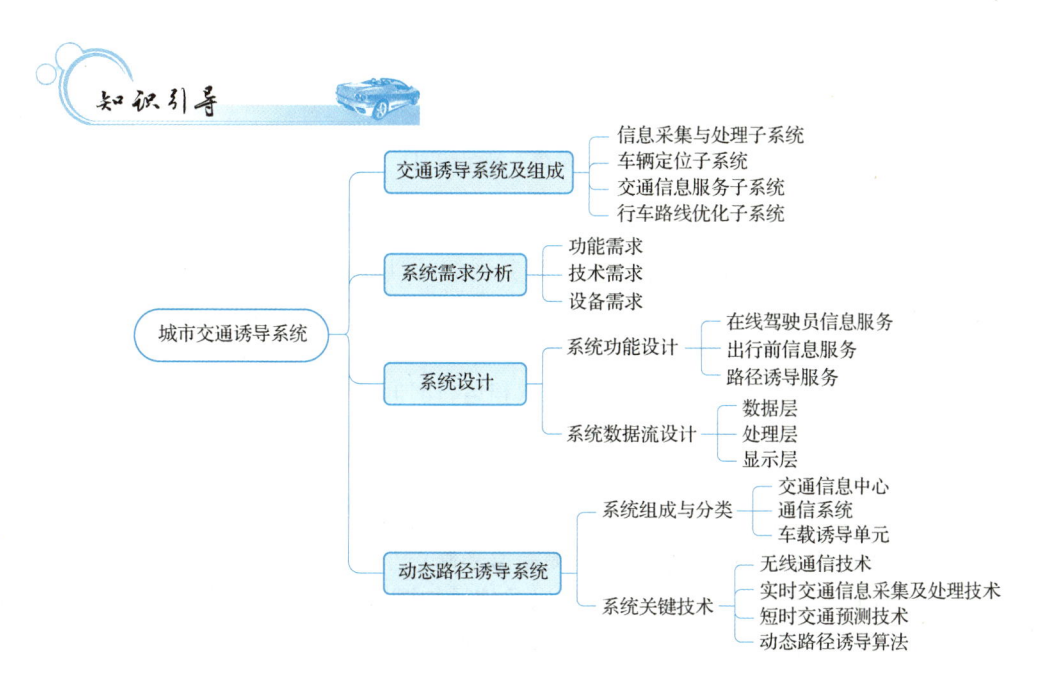

知识引导

城市交通诱导系统
- 交通诱导系统及组成
  - 信息采集与处理子系统
  - 车辆定位子系统
  - 交通信息服务子系统
  - 行车路线优化子系统
- 系统需求分析
  - 功能需求
  - 技术需求
  - 设备需求
- 系统设计
  - 系统功能设计
    - 在线驾驶员信息服务
    - 出行前信息服务
    - 路径诱导服务
  - 系统数据流设计
    - 数据层
    - 处理层
    - 显示层
- 动态路径诱导系统
  - 系统组成与分类
    - 交通信息中心
    - 通信系统
    - 车载诱导单元
  - 系统关键技术
    - 无线通信技术
    - 实时交通信息采集及处理技术
    - 短时交通预测技术
    - 动态路径诱导算法

第一节　交通诱导系统及组成

交通诱导系统(Traffic Guidance System,TGS)是基于电子、计算机、网络和通信等现代技术,根据出行者的起讫点向道路使用者提供最优路径引导指令或是通过获得实时交通信息帮助道路使用者找到一条从出发点到目的地的最优路径。这种系统的特点是把人、车、路综合起来考虑,通过诱导道路使用者的出行行为来改善路面交通系统,防止交通阻塞的发生,减少车辆在道路上的逗留时间,并且最终实现交通流在路网中各个路段上的合理分配。

交通诱导系统由4个部分组成,其实施结构图如图5-1所示。

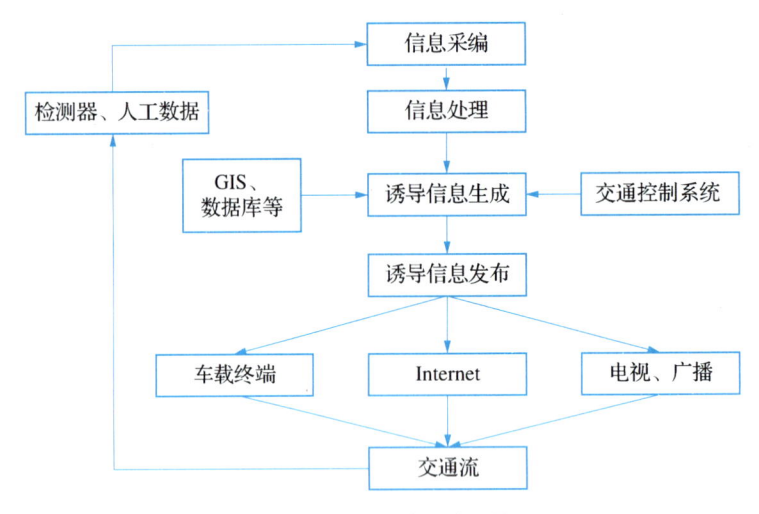

图5-1　诱导系统实施结构图

1. 信息采集与处理子系统

交通流信息的采集主要是通过交通控制系统实现的,所以城市必须安装交通流量检测系统。检测的内容主要有：交通信息检测,可以利用交通信息控制系统的交通流量检测信息；交通流信息的转换与传输,把从交通控制获得的网络交通流信息进行处理并传送到交通流诱导主机；滚动式预测网络中各路段的交通流量和运行时间；建立能够综合反映多种因素的路阻函数,确定各路段的出行费用,为诱导提供依据。

2. 车辆定位子系统

车辆定位子系统的功能是确定车辆在路网中的确切位置,主要内容有：建立差分的理论模型和应用技术,讨论如何根据基准台测出的测差值来修正车载单元的误差,提高精度。设计系统的通信网络,其中包括信号的编码、发射以及信号的调解等问题。研究系统电子地图制作方法及实现技术。建立一套故障自诊系统,以保证在系统发生故障或信号在传输过程中出现较大误差时,也能准确地确定车辆的位置。

3. 交通信息服务子系统

交通信息服务子系统是交通流诱导系统的主要组成部分,它可以把动态交通信息通过各种传媒及时传送给公众。媒体包括有线电视、计算机、收音机、电话亭、路边可变情报板和车载的接收装置。

4. 行车路线优化子系统

行车路线优化子系统的作用是依据车辆在网络中的位置和出行者输入的目的地,结合交通信息采集与处理子系统传输的路网交通信息,为出行者提供能够避免拥挤、减少延误、快速到达终点的行车路线,在车载计算机的屏幕上显示出车辆行驶前方的交通状况,并以箭头线标识所建议的最佳行驶路线。

第二节 系统需求分析

一、功能需求

通常情况下,交通诱导系统的功能需求包括如下几点:

（1）以重点道路为中心,实现显示屏信息的连续性发布,能够达到对车流的有效诱导;

（2）根据道路的不同等级、不同状况,将城市交通诱导分为快速路诱导控制、城市主干路诱导控制、高速公路诱导控制等;

（3）使路网达到用户最优和系统最优之间的均衡;

（4）采用统一的接口实时采集交通数据,并保证数据的完整性、安全性和正确性;

（5）使用恰当的模型和算法分析和处理交通数据,以确保发布信息的准确性和有效性;

（6）系统应该具备用户权限管理、防黑客入侵、防病毒、数据的安全性管理、数据网络备份等功能以保证系统安全和稳定。

二、技术需求

要满足上述功能要求,需提供一系列技术保障。所涉及的技术包括信息采集、信息发布以及信息传输等。

（1）信息采集技术　主要通过电感线圈检测技术、视频检测技术以及微波检测技术来实现对原始交通数据信息的采集。

（2）信息发布技术　主要通过交通诱导室外显示屏实现对实时路况信息的发布,辅助以广播电视台发布实时信息。

（3）通信传输技术　根据显示屏的类型以及安放位置的不同,采用不同的通信传输技术,主要包括:光纤通信、与当地有线电视复用通信网络以及无线通信方式等。

三、设备需求

上端控制系统的服务器由一台主服务器、一台控制服务器和若干操作管理终端组成。上端系统设备还包括数据库、通信设备、综合接入设备等。其中主服务器接收实时传来的原始数据,在主服务器上运行数据分析处理应用程序,对原始数据进行分析处理,生成交通诱导信息。控制服务器与通信设备和综合接入设备相连,向室外显示屏发送诱导信息,实时控制显示屏的发布内容。操作管理终端上显示各路段实时的道路状况以及各个检测器的工作状态,还可以根据实时的人工采集信息对自动发布的信息进行必要的修改和增减工作。

下端系统中主要的设备需求是室外显示屏以及显示屏本地的通信设备等。

第三节 系统设计

一、系统功能设计

交通诱导系统主要是通过对车辆进行诱导以及出行者提供出行参考信息,来实现在控制范围内的最优交通流量分布以及车辆的最优行驶路线规划为目的的动态路径诱导系统。它通过城市的交通管理系统全面掌握城市道路网的实时交通状况,利用实时动态交通分配及交通流预测理论,为出行者提供到达目的地的最优路线,通过诱导的手段达到使城市的交通流量趋向最优分布的目的。

为了实现智能交通的诱导,需要建立一个基于城市交通控制系统 UTCS(Urban Traffic Control Systems)的交通管理中心 TMC(Traffic Management Center)。TMC 是城市交通诱导系统的核心。TMC 通过 UTCS 以及其他城市交通子系统将城市道路交通的各种信息搜集上来,并在各个子系统之间进行分享及协调,保证用户在使用此信息时可以使出行者出行及整个道路交通网得到最优化。TMC 的交通信息通过数据通信设备传至对城市交通诱导信息进行专门处理的交通信息中心 TIC(Traffic Information Center)的主计算机中。为了满足交通流诱导的需要,TIC 需要针对诱导信息的发送对象、发送方式进行相应的处理,最终将信息通过有线或无线通信提供给城市交通流诱导的其他子系统,并通过与各个子系统之间的信息共享,为出行车辆及行人提供有效的交通信息。对于出行者,智能交通诱导系统主要功能有:

1. 在线驾驶员信息服务

驾驶员的引导系统:主要为驾驶员提供实时的交通流状况、交通事故、建筑施工情况、公共交通时刻表、气候条件等信息,以便驾驶员据此选择最佳的行驶路线、出行者中途改变出行方式。车内标志系统:主要提供与路面实际标志相同的车内标志,也包括道路条件的警告标志和一些特殊车辆的安全限速。这一服务内容特别适于老年驾驶员或旅游区和危险道路条件下的驾驶。

2. 出行前信息服务

可为出行者提供在出行前需要知道的信息(如天气及道路情况等),并据此为出行者制订出行路线及出行时刻表以避开交通高峰时段,同时也提高了道路的时间利用率。出行前信息服务一般可以在家庭或办公室通过电脑、手机或 PDA 等获得。

3. 路径诱导服务

由动态车载诱导系统根据 TIC 提供的实时道路交通信息及 GPS 设备得到的车辆定位信息，借助于电子地图为出行者提供一条最优的行驶路径。早期的路线引导是一个静止的信息系统，主要为出行者提供起、终点之间的距离最短的路线；目前这项服务趋向于通过无线通信技术，使车载设备可以从 TMC 获取实时道路交通信息，使最优的概念包括在实时道路交通信息基础上的时间最优、距离最优或出行者喜爱最优等。根据 GPS 定位功能以及电子地图，再辅以地图，就可以实现车辆的实时转向导航(Turn by turn guidance)。实时导航服务可以提高城市道路的时间利用率和空间利用率，大大缓解城市道路的交通量分布，是城市交通流诱导系统的核心功能。

二、系统数据流设计

为了满足交通诱导系统以上的功能需求，交通诱导系统的数据处理过程分为三个层次，分别是数据层、处理层和显示层。

1. 数据层

数据层的主要作用是接收交通检测系统传递过来的原始数据并对这些原始数据进行校验解包并进行预处理。交通检测的原始数据主要来自以下的检测系统：

线圈检测系统：即信号系统。此系统除了能够检测交通流量外，同时可以计算道路平均车速与占有率等数据。

视频检测系统：即牌照识别系统。此系统采集路段上游车辆的牌照，并在下游捕捉检测数据。根据视频检测系统传递过来的数据，可以计算出这一路段的平均旅行时间，进而得到车辆的平均行驶速度。

微波传感器检测系统：即快速路检测系统。此系统可以远程采集并传递断面交通流数据。

其他系统：包括 122 报警系统、110 接警系统等。在 122 报警系统、110 接警系统中，交通原始数据的来源一般是报警电话和交警报告等，所以交通数据需要人工录入到诱导系统数据库中。

交通诱导系统数据库包含以下几个子数据库：

交通数据库：存储从各个交通采集系统传输来的交通原始信息，以待数据处理模块调用。

交通状态信息库：存储经过处理模块处理过的交通状态信息，以待诱导信息生成模块调用。

数据处理模型库：存放处理交通状态信息时所应用到的各种模型。

预案库：属于专家系统的一部分，存放针对实时交通状况所应对的预案。

交通诱导信息库：存储各时段各个显示屏所发布的诱导信息。

2. 处理层

在处理层中，首先将从交通数据库中调用的原始数据进行滤波处理，剔除不在设定范围内的数据（如车速为负或者在某一极限值之上的数据），获取有效数据。原始数据的剔除主要使用滤波算法，如卡尔曼滤波、维纳滤波等。

在得到有效数据后，要对其进行状态聚类，即做状态分级，此时需要调用数据处理模型库中的相关模型与算法进行处理，这里用到的是模糊聚类或小波分析等匹配算法。

最后根据针对不同等级的道路进行状态预测，调用模型库中的预测模型（包括神经网络、时间序列模型、非参数回归模型等）得到交通状况信息。交通状态信息需要经过人工确认，以确保状态信息的可靠性。最后经过人工确认的交通状态信息存入系统交通状态信息库。

3. 显示层

显示层主要对交通状态信息进行处理,形成交通诱导信息。

交通诱导信息的生成通过两个渠道:一方面调用信息库中的交通状态信息,通过交通诱导相关性分析模型,得到诱导信息的发布延伸范围和时效性参数,然后通过预案库,生成诱导信息。另一方面,如果需要人工输入的信息(比如交通管制信息、勤务信息或宣传信息等),则由指挥人员进行人工编辑,生成节目单后,结合系统数据库中的预案库,与上述诱导信息一起,生成诱导信息节目单,传给诱导系统的控制服务器。

控制服务器接收到节目单后,对其进行合成,发送控制指令到相应的诱导显示屏,最终实现诱导信息的有效显示。

第四节 动态路径诱导系统

一、系统组成与分类

动态路径诱导系统主要由以下3部分组成:

(1) 交通信息中心 系统中硬件系统是由计算机和各种通信设备组成,主要功能是从各种信息源获得实时交通信息,并处理成用户需要的数据形式。

(2) 通信系统 负责完成车辆和交通信息中心的数据交换。信息中心通过通信系统向所有车辆不断发送实时交通状况数据。

(3) 车载诱导单元 车载诱导设备主要由计算机、通信设备和车辆定位设备组成。定位设备为GPS接收机或信息标信号接收机及速度、方向传感器等其他设备。该模块的功能是接收、存储和处理交通信息,为驾驶人员提供良好的人机界面。

按照最优路径计算和抽取地点的不同,动态路径诱导系统可分为中心决定式的动态路径诱导系统(Centrally Determined Route Guidance System,简称CDRGS)和分布式的动态路径诱导系统(Distributed Dynamic Route Guidance System,简称DDRGS)。前者是在交通信息中心的主机上,基于实时交通信息进行路径选择,为每一个可能的OD对计算最优和准最优路线,然后通过广播或通信网络(如Internet)提供给用户;而后者是根据从通信网络接收到的实时交通信息,结合车载计算机存储的数据,在车载单元内计算最优或次优路径,依次进行路径诱导。城市交通诱导系统结合我国城市混合交通的实际特点,从大城市安装交通面控系统获取诱导所需的实时交通信息,并在车载单元内进行路径选择。因此,它实际上是一种分布式动态路径诱导系统。

二、系统关键技术

1. 无线数据通信技术

无线数据通信技术是动态路径导航系统的关键。通信系统承担两部分工作,即一方面可以实现车辆坐标信息及出行需求的实时上传,以满足车辆监控和信息采集的功能;另一方面负责最新交通数据和路权信息的下发。在城市交通领域中,目前应用较为广泛的无线通信技术包括:ZigBee、UMTS、无线局域网、4G/5G等。

2. 实时交通信息采集及处理技术

实时交通信息的采集可依靠道路上的交通流检测设备，如环形感应线圈、雷达、视频、牌照识别、红外传感器和浮动车辆等。但这些传统方法由于人为的因素或系统故障等因素，传回的数据会具有较大的误差。随着全球定位系统（GPS）相关技术的发展，尤其是在我国北斗定位系统广泛应用之后，基于车载定位系统采集车辆实时交通信息，具有提高数据精度、保证数据实时性、减少检测设备重复投资建设等优势，已得到越来越多的应用。

3. 短时交通预测技术

基于实时交通信息的短时交通流预测已经成为动态路径诱导系统中的重要技术之一，受到国内外学术界的广泛关注。迄今为止，应用于短时交通流预测的模型可以分为以下 5 类。

（1）基于统计分析的预测模型

该类模型使用数理统计方法来处理交通历史数据。它的基本前提是假设未来预测的数据与过去的数据有相同的特性。该模型主要方法包括历史平均分析预测法、时间序列分析预测法、卡尔曼滤波分析预测法等。

基于统计分析的预测模型大多模型简单，计算较快，但不能处理突发交通状况，精度一般，适用于交通状况稳定且精度要求不高的路段。基于统计分析的预测模型也适用于城市轨道交通流预测。

（2）非线性理论模型

该类模型主要以混沌理论、耗散结构论、协同论、自组织理论等非线性理论为基础。短时交通流预测领域中常用的非线性理论模型主要有 3 种，包括：基于小波分析的模型、混沌理论模型、基于突变理论的模型。

非线性理论模型预测精度比基于统计分析的预测模型高，尤其是混沌理论仍然有发展潜力，但是非线性理论模型大部分理论复杂，计算量大。这类模型适用于复杂且可能有突发情况的交通系统。

（3）基于仿真的预测模型

该类模型一般把车辆作为实体，用算法设定或描述路网基础设施和驾驶员驾驶行为，使用仿真软件并结合交通流模型，模拟路网车辆动态交通运行状态，从而进行观察和预测。

仿真预测模型理论基础比较充分，在研究中会将一些交通系统中较为复杂的影响因素纳入进来，但计算量大，实时性不高，不适用于大规模实时复杂交通系统预测，适用于实验研究分析验证观测以及小型路口预测观察。

（4）智能预测模型

该类模型使用人工智能领域的方法，主要包括神经网络模型、深度学习模型。

神经网络模型模拟人类的神经元，用大量的现有数据训练模型，不断调整参数，然后得到类似"黑箱"的模型。常用的神经网络有 BP 神经网络、小波神经网络、广义回归神经网络和模糊神经网络等。对一定的路段数据，神经网络拥有比其他模型更好的预测结果。但是神经网络模型属于"黑箱"类型，无法知道模型具体形式，无法用数理理论解释，其具体适用范围也难以人为确定。神经网络模型能够依据实时数据更新网络，适用于影响因素多的区域，可以离线训练，但缺点是训练过程复杂，需要大量的训练数据，不能获得直观的输入输出关系，它适用于交通状况复杂的系统。

随着技术发展，深度学习模型也开始在短时交通流预测中崭露头角。国内外学者利用深度信念网路模型（deep belief network，DBN）、长短时记忆模型等方法开展研究。深度学习在短时交通流预测领域刚刚兴起，研究成果较少，就目前的研究成果而言，特定数据集上深度学习预测精度高于经典算法，但深度学习方法工作量大，计算时间长。

（5）混合预测模型

混合预测模型是指使用两种或两种以上的模型进行短时交通流预测。它是目前最常用的短时交通流预测方法，国内外的研究成果有很多。混合模型可以分为两类，一类是使用几种不同的模型进行衔接合作，一种模型的输出结果作为另一种模型的输入，彼此衔接，从而得到最终的结果；另一类是几种模型同时进行预测，最后使用各自的预测结果进行一些数学运算，比如求均值之类的方法，从而得到最终的预测结果。

混合预测模型可以使用几种模型的优势进行互补，比单一预测模型拥有更高的预测精度，但增加模型量的同时也增加了预测计算量和复杂度，且两种预测模型的合作也可能产生预料外的新问题。

4. 动态路径诱导算法

动态路径诱导算法是动态路径诱导系统中关键的部分，能够在已知城市路网信息及实时道路交通状况信息的情况下，快速计算出到目的地的最佳路径，从而实现对车辆的实时诱导。常见的算法包括：蚁群算法、遗传算法、混合算法、A*算法、Muti-Agent算法等。

项目实施

一、项目背景

根据国家工业和信息化部关于《基于动态信息的智能交通系统研发及应用示范》项目的要求，顺应"智慧南京"系统建设需要，依托南京市公安局"警务云计算中心"平台，由南京市公安局交通管理局牵头，联合多家技术单位共同开发了南京市交通诱导服务系统。

二、建设思路

1. 信息采集

系统通过采集浮动车信息、交通图像监控信息、122接处警信息、交警大队上报信息、广播电台交通信息、互联网用户反馈信息、自动检测设备信息和停车采集设备信息等多种渠道信息，保证了交通信息的全面性以及交通诱导的准确性。

（1）浮动车信息

南京市在所有市区的出租汽车上安装了全球定位系统设备，该设备以30秒间隔回传车辆运营状态、地理位置等信息，通过处理这些信息，可以得到车辆的运行速度，通过交通数学模型处理，对路况作出判断。

（2）指挥中心采集信息

信息采集系统通过统一处理信息格式，建设了大队二级平台，充分利用已有的图像监控、接处警、执勤民警上报等其他信息，实现了路况自动检测、传统指挥室监控和交警路面巡查等信息采集方式的融合，对实时路况作出综合判断，提高了监测的准确度。

(3) 自动检测设备信息

系统通过设置的32套微波检测设备,对南京中央路、北京西路等市区内主要道路,大桥北路等老城-新区主要通道机动车双向交通流量、车速进行24小时检测。

(4) 停车系统采集信息

系统充分整合了企业社会资源,以VPN专网形式克服传输难题,实现了和现有停车计费系统的对接,以较少的投入,获取了各商圈路外大型停车场的车位信息。同时,通过停车办将信息联网规范写入停车场申办管理要求,要求新建、改建的停车场必须实现信息的网络接入。

2. 信息发布

系统通过诱导屏、指路服务站、语音平台、短信平台、手机终端、车载终端、互联网站、广播台、微博等九大信息发布媒介进行发布,市民可通过自己最为方便的途径获取交通出行的信息,了解实时交通路况,选择最佳出行线路(如图5-2)。

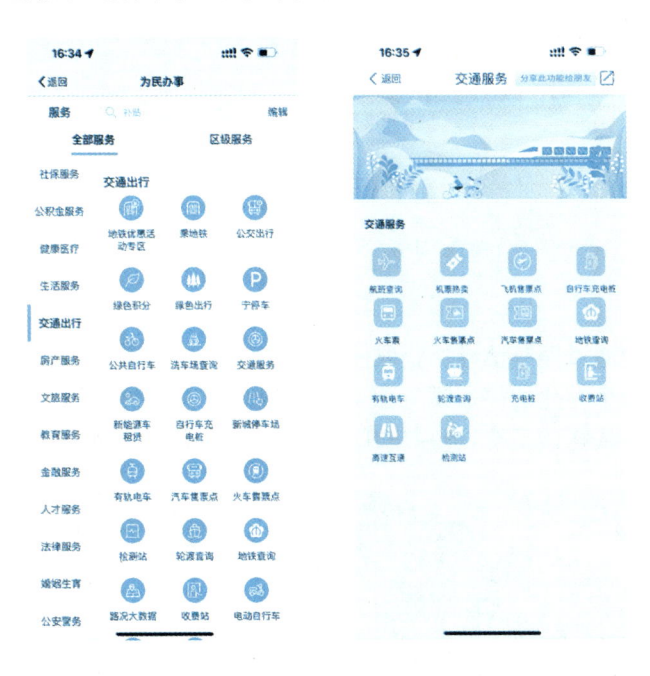

图5-2 南京交通信息服务查询(我的南京app接口)

三、系统功能

交通诱导服务系统是南京市公安局交管局"云交通"系统的关键性应用项目,也是南京市智能交通系统的重要组成部分。该系统通过综合分析人、车、路等交通影响因素,利用各类信息发布手段,为道路使用者提供最优路径引导信息和各类实时交通帮助信息服务,在为众多出行者优化路径的同时,改善整体城市路网交通状况,营造畅通、便捷、高效的出行环境。该系统可提供的服务包括实时路况、停车场剩余车位以及综合交通信息查询等功能。

1. 实时路况信息服务

该服务以浮动车数据为基础,通过对图像监控、接处警、自动检测设备、交警大队上报、广播台、互联网用户反馈等信息进行分析处理及融合,判别出路况之后,在电子地图上以红黄绿三种颜色直观显示道路运行状况(红色表示拥堵、黄色表示拥挤、绿色表示畅通),通过各类媒介将信息发布给广大道路使用者(如图5-3)。

图5-3 南京实时路况信息(以百度电子地图为例)

2. 实时剩余车位信息服务

用户可以方便地通过停车诱导屏获取停车场分布及实时车位信息,或通过电话、短信及智能终端等获取更为个性化的停车诱导服务。实现多家大型停车场信息的接入,范围涵盖全市核心商圈。未来依托该系统,进一步开发提供停车位预约服务等功能(如图5-4)。

图5-4 实时剩余车位查询

3. 综合交通信息查询

系统包含了交通管制、道路施工、公交换乘、交通违法等信息,并向社会提供信息查询服务,便于市民提前做好出行方式选择,改变出行路线,避开交通管制、事故路段,提高通行效率。

课后测评

一、单项选择题

1. 关于诱导系统的表述,不正确的是(　　)。
   A. 交通信息监测、交通流信息转换与传输等工作在信息采集与处理子系统中完成
   B. 利用差分定位可以提高车辆定位精度
   C. 传递交通信息的媒介不包括音频广播
   D. 诱导系统是一个动态的、具有闭环反馈功能的系统

2. 下列关于诱导系统功能需求的表述,正确的是(　　)。
   A. 交通诱导系统应以所有道路为对象,不论干道还是支路
   B. 交通诱导系统实现每个用户出行最优即是系统最优
   C. 系统应采用统一接口采集交通数据,确保数据完整、安全和准确
   D. 交通诱导系统管理方简单,因此不需要用户权限管理

3. 关于诱导系统的数据流设计,下列说法错误的是(　　)。
   A. 在数据层,需要接收原始数据,并进行校验和预处理
   B. 由于数据层对原始数据进行了预处理,因此可以直接在处理层获取有效数据
   C. 交通诱导信息生成可调用信息库中交通状态信息,通过一定分析,根据预案库生成诱导信息
   D. 交通指挥人员也可根据具体工作需要人工干预交通诱导信息的生成与发布

4. 城市交通诱导系统,根据(　　),向道路使用者提供最优路径引导指令,或根据实时交通信息,帮助其找到(　　)。
   A. 道路交通量,出发目的地
   B. 出行者起讫点,出发目的地
   C. 道路交通量,起讫点间的最优路径
   D. 出行者起讫点,出发点到目的地的最优路径

二、多项选择题

1. 动态路径诱导系统主要组成包括(　　)部分。
   A. 交通信息中心　　　　　　　　B. 通信系统
   C. 车载诱导单元　　　　　　　　D. 其他

三、简答题

1. 交通诱导系统的概念是什么?
2. 动态路径诱导系统主要由哪几部分组成?
3. 交通诱导系统所涉及的技术包括哪些?
4. 智能交通诱导系统主要功能有哪些?
5. 交通诱导系统的数据处理过程分为哪三层?

交通管理调度和信息服务

项目描述

某地公安交通管理部门需建设交通多媒体调度指挥系统。系统以音视频、通信调度为核心,以 4G/5G 网、交通专网、卫星链路等为支撑,提供及时、便捷、有效的音视频通信和数据通信,实现接、报、处、结等交通行业相关业务的高效处理。

交通管理部门要求该系统能实现协助预防、发现和处置交通应急事件,即一是要看得见"事",发现事件;二是叫得到"人",指令能下去,语音信息要流畅;三是调得动"物",要把相关的资源积极地调动起来。根据上述要求,设计多媒体指挥调度系统,以满足交通管理需要。

学习目标

1. 掌握交通管理系统的概念和逻辑框架;
2. 掌握交通指挥调度系统的结构和功能;
3. 掌握交通信息服务系统的整体架构和功能;
4. 理解分析校园交通监控中心案例。

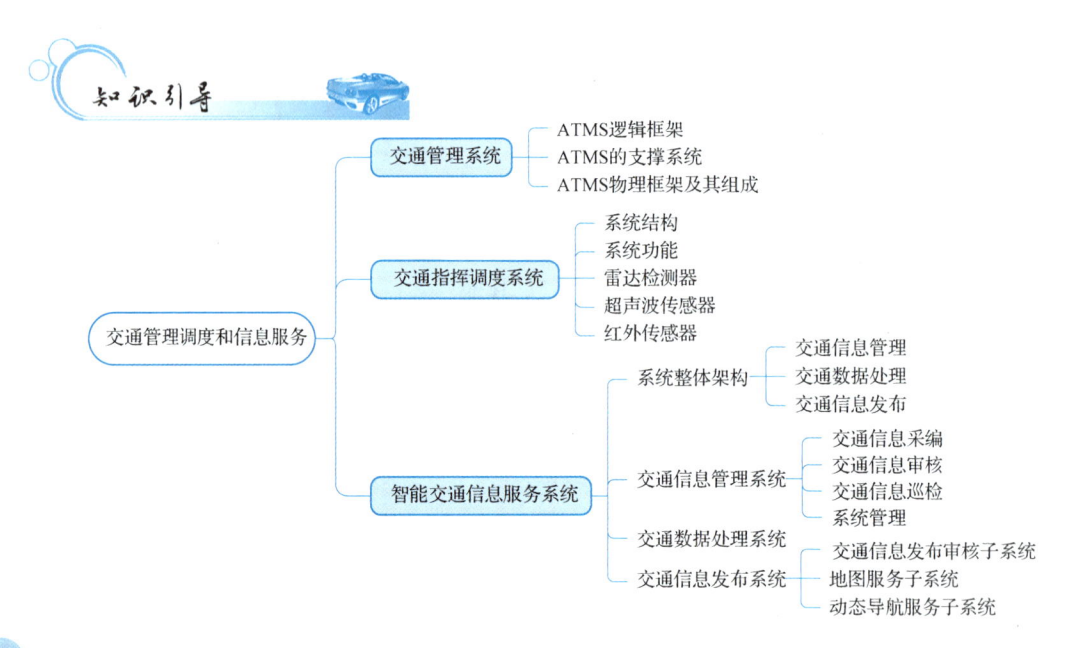

知识引导

交通管理调度和信息服务
- 交通管理系统
  - ATMS逻辑框架
  - ATMS的支撑系统
  - ATMS物理框架及其组成
- 交通指挥调度系统
  - 系统结构
  - 系统功能
  - 雷达检测器
  - 超声波传感器
  - 红外传感器
- 智能交通信息服务系统
  - 系统整体架构
    - 交通信息管理
    - 交通数据处理
    - 交通信息发布
  - 交通信息管理系统
    - 交通信息采编
    - 交通信息审核
    - 交通信息巡检
    - 系统管理
  - 交通数据处理系统
  - 交通信息发布系统
    - 交通信息发布审核子系统
    - 地图服务子系统
    - 动态导航服务子系统

项目六　交通管理调度和信息服务

第一节　交通管理系统

先进的交通管理系统(ATMS)是一种利用先进的交通信息采集、数据通信、电子控制和计算机处理等当代高新技术以及现代交通工程理论,根据系统工程原理进行集成,实现对地区道路网络交通流进行实时监控、主动控制、协调管理与操作的综合交通管理系统。

ATMS是智能交通系统(ITS)的关键组成部分,它通过对道路交通网络中的各种交通信息进行实时采集与传输,并根据现代交通工程理论模型进行实时处理和评价,开展和协调交通网络系统运行所需求的事件反应,为交通网络使用者提供实时准确的交通网络状态、出行选择以及在满足安全、效率、方便性最大可能性条件下的决策信息支持(如图6-1)。

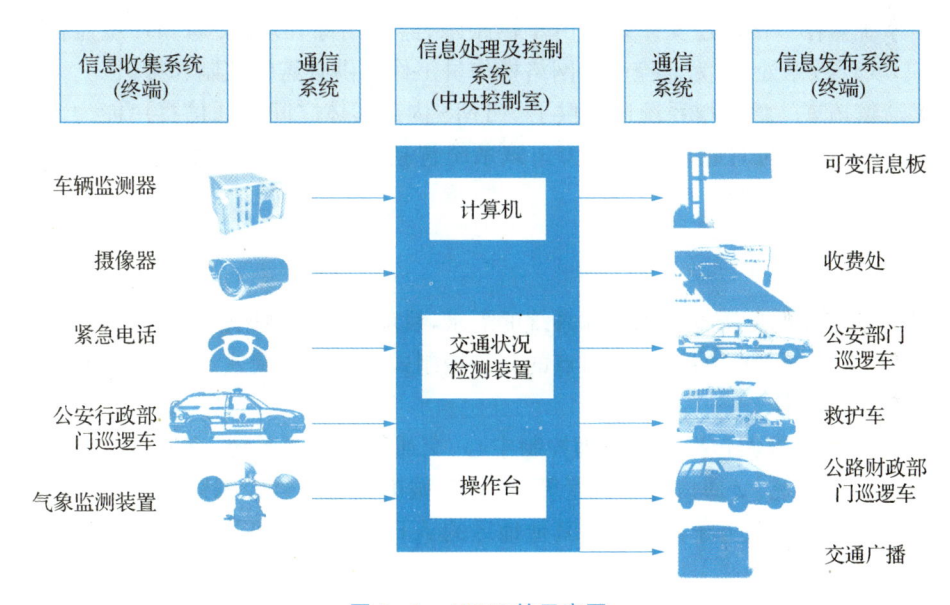

图6-1　ATMS的示意图

一、ATMS逻辑框架

ATMS逻辑框架由ATMS功能上的4个处理过程和大量的终端用户构成。为了支持在使用者服务计划中确定的使用者需求,终端用户为ATMS提供接口信息。每一个终端用户代表一个外部实体,它可以进行数据通信,或者接收来自ATMS功能处理过程的数据。终端用户可分为以下类别:

(1) 使用者终端,这是一些在ATMS中心子系统和道路沿线子系统的工作人员以及与ATMS子系统相互交互的驾驶员和出行者。

(2) 系统终端,这些是非ATMS中心的系统(例如与ATMS互相交互的政府机关),路边系统(如传统的信号传感器)和与 ATMS 相互交互的车辆系统。

(3) 环境终端,被 ATMS 系统感知的环境状态。

(4) 其他子系统(其他 ATMS 中心)。

二、ATMS 的支撑系统

(1) 交通管理　该系统提供交通网络管理所需的控制能力。所有的交通控制功能通过该管辖区域的 TMC、ATSS 和其他机构(如交通控制系统)的交通操作控制系统完成。交通管理的支持系统由广域的交通管理系统、事件管理系统及交通控制(如地面街道和公路)组成。

(2) 系统管理　该支撑系统负责监控、配置和管理 ATMS 的资产,也提供对建设和特殊事件的计划和时间安排的支持。系统管理由养护管理和维护时间安排计划,管理、操作中心硬件和软件监控,配置和目录的管理以及事件计划和时间安排支持系统组成。

(3) 分析和建模　该支撑系统负责提供分析和建立交通网络模型的功能,由一个整合的模型管理者,包括 OD 处理、历史数据的分析、交通模拟模式、动态交通分配模型、信号和控制优化模型 5 个支持系统组成。

(4) 系统监控　该监控支撑系统由车辆跟踪、监控图像处理、交通和环境监控、通信几部分组成,实现数据处理,为监控交通网络操作员工作提供必需的控制和接口。

(5) 通信拓展　该支撑系统还提供了 ATMS 内部实体之间的通信接口能力,以及同其他 ITS 相关系统之间的通信接口能力。该系统包括输出数据流处理、输入数据流处理及 I/O 管理者 3 个支持系统。

三、ATMS 物理框架及其组成

基于先前定义的逻辑框架和支撑系统的需求,目前存在 4 种比较常见的物理框架,分别是中心式、点对点分中心协调式、点对点的允许控制式和中心协调式。点对点中心协调式是目前应用较多的一种。

ATMS 的物理框架包括交通管理控制中心、交通信息检测系统、交通电视监视子系统、交通信息通信子系统、交通信息综合管理子系统、城市交通信号控制系统、紧急事件快速反应子系统和交通信息服务子系统以及其他地区的 ATMS 和其他 ITS。

第二节　交通指挥调度系统

一、系统结构

交通指挥调度系统的结构设计主要包括系统的逻辑结构、物理结构和总体技术结构设计:

逻辑结构设计即对用户方提出的需求分析后,抽象出系统的主要功能、分系统及基本功能模块,并明确它们之间的逻辑关系。

物理结构设计即系统的要素结构设计,如指挥中心、主控室、计算机房等的布局设计。

总体技术结构设计则是指挥系统的构成、互连结构和处理结构等的设计。在确定系统技术结构之后,就要进行各分系统的设计,包括硬件设计和软件设计。公安交通指挥系统的结构设计有层次性、分布性、有序性、动态性、不平衡性特点。

二、系统功能

指挥调度子系统围绕警情综合监测,通过有线无线综合调度、警力定位及勤务信息,使接处警与交通管控紧密集成,实现了高效的一体化、可视化指挥调度。

指挥调度从事前部署、事中监督、事后考核三个方面,以视频监控、GPS 单兵定位、PGIS 为技术支撑,实现勤务的分级管理,提高勤务督导的科技化水平。对交警日常勤务进行可视化排班管理,并对执行过程进行监督、纠正,根据勤务执行情况进行考核评价。对于岗位部署方案,每隔一定周期要根据实际情况进行调整,常态拥堵分析和违法高发分析可对岗位调整提供辅助支持。

具体功能包括:

1. 交通指挥调度

包括岗位管理、勤务排班、勤务审核、勤务监督等。

2. 专项治理

根据过车记录,按规则抓取违法车辆,实现车辆监测。支持尾号限行取证,黄标车取证,以及外地车禁行、大货禁行、单行抓拍、专用道抓拍等(如图 6-2)。

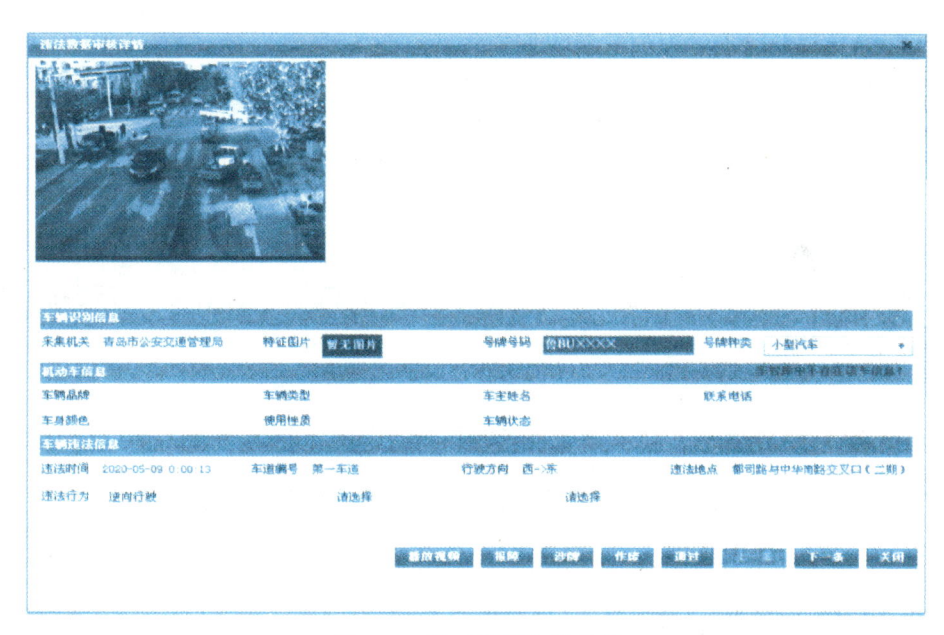

图 6-2 违法数据审核系统

第三节 智能交通信息服务系统

一、系统整体架构

交通信息服务系统包括交通信息管理、交通数据处理和交通信息发布三大子系统(如图 6-3)。

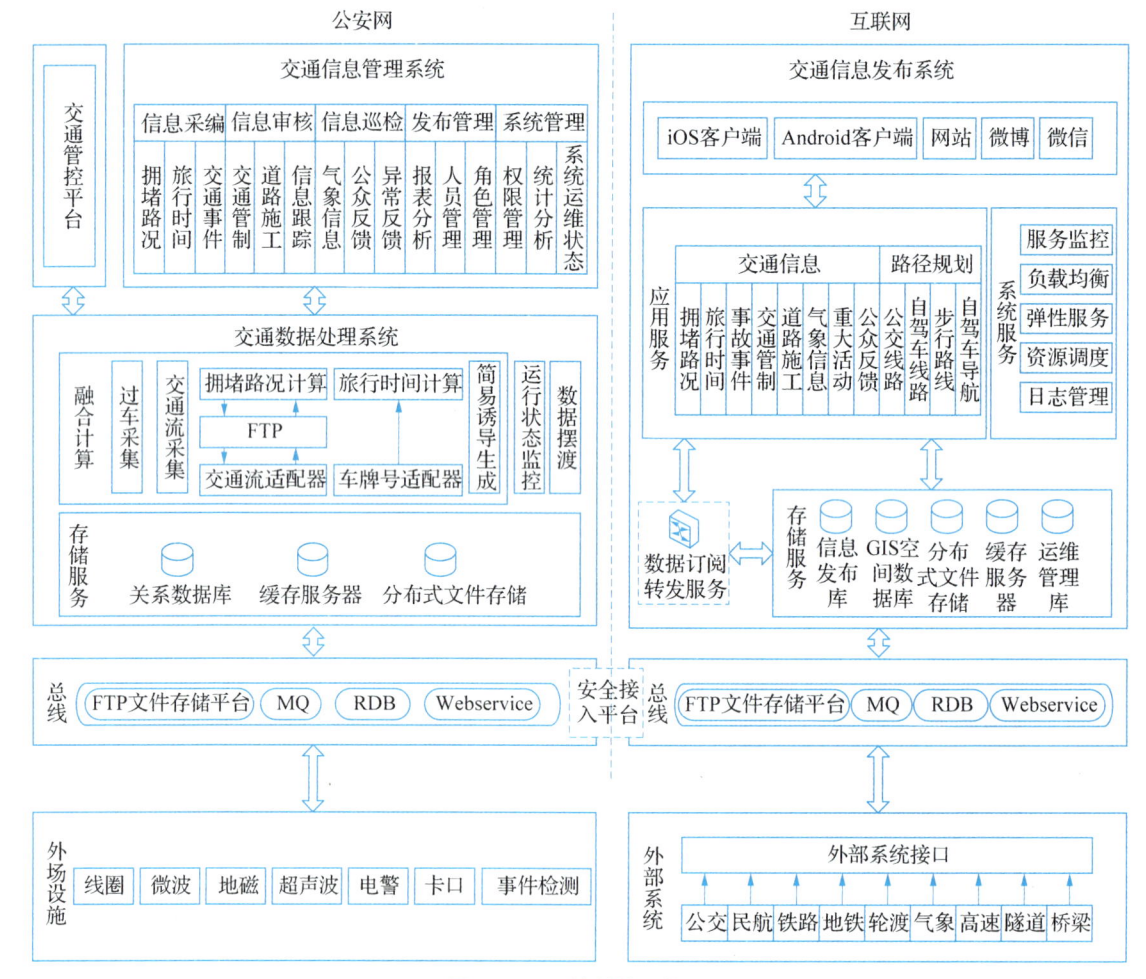

图 6-3 系统整体架构图

（1）交通信息发布平台　研制面向手机、网站、行车诱导屏、停车诱导屏、微博等渠道的信息发布子系统，支持文字信息、简易图形及电子地图 3 种发布方式，使系统具备多渠道发布能力。

（2）交通信息服务管理平台　负责交通信息服务数据的采编与运维管理。采编内容包括道路状况、道路交通流量、道路管制信息、公交信息、交通事故信息、智能停车系统泊位信息、天气信息等，并实现对数据质量、应用服务质量、基础设施状态的运维监管。

（3）交通数据共享平台　建立完善的城市级海量数据处理体制，包括海量数据的采集、存储、备份、查询、删除、计算等关键技术；研究多源异构交通数据标准化技术，实现在不同网络协议下对各种检测设备的方便接入；研究交通数据融合的关键技术，主要包括异常数据过滤技术、缺失数据补偿技术、交通路况拥堵状态判别技术及旅行时间预测技术。

交通信息服务系统以多种渠道发布的形式面向交通参与者提供道路实时路况、交通管制、交通障碍、公交出行、路桥隧道通行、交通气象、停车等出行信息服务，使居民的出行更安全、便捷、可靠，进一步提高了交通管理的服务水平。系统详细设计的完成将推动交通信息服务系统研发的顺利进行。

二、交通信息管理系统

交通信息管理系统主要包括对拥堵路况信息、旅行时间信息、交通事件信息、交通管制信息、道路施工信息、气象信息、公众反馈信息等进行采编、审核、巡检、发布管理，以及人员管理、角色管理、权限管理和统计分析等功能（如图 6-4）。

图 6-4 交通信息管理系统功能

1. 交通信息采编

交通信息是指从管控平台、微信等采集来的，包含拥堵路况、交通管制、道路施工、气象信息、重大活动或任务、公众反馈或建议等的信息。

交通信息采编，就是对以上这些交通信息进行编辑、修改及分发。

2. 交通信息审核

提供对采编过的交通信息进行审核的功能。

3. 交通信息巡检

提供对已发布的交通信息进行巡视检查，并对异常信息进行反馈的功能。

4. 系统管理

提供系统人员、角色、权限配置及系统运维状态监管功能。

三、交通数据处理系统

交通数据处理系统主要是从总线获取交通流数据、车牌号数据等，并进行拥堵路况计算、旅行时间计算、简易诱导生成，同时提供运行状态监控、数据摆渡服务及与管控平台的数据交互服务。

交通数据处理系统架构如图 6-5 所示。

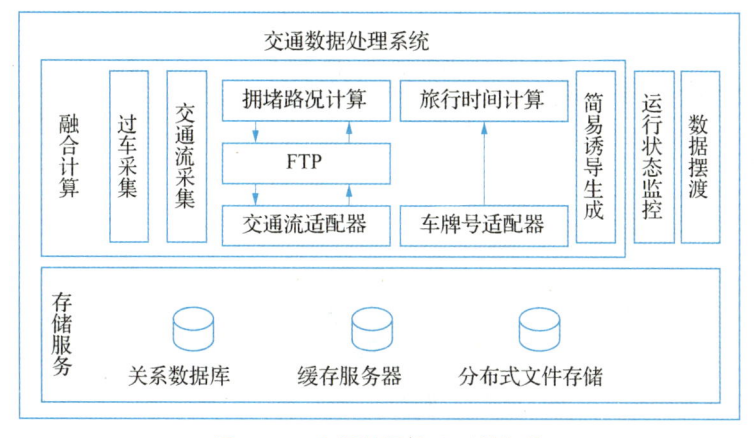

图 6-5 交通数据处理系统架构

1. 交通流适配器

从消息队列(message queue，MQ)接收流量、速度、占有率等交通流数据，并将交通流数据写到FTP上。

2. 车牌号适配器

从 MQ 接收过车数据，将过车数据保存到数据库。

3. 拥堵路况计算

通过对断面各车道速度、流量、时间占有率三参数进行统计，计算断面交通拥堵综合指标，生成对交通状态的判断。

4. 基于车牌数据的旅行时间计算

基于前端车牌采集设备(电子警察、卡口、RFID 等)采集的车牌信息进行旅行时间计算。系统首先提取单车路段旅行时间，并对其进行异常数据筛选，剔除超阈值的数据，然后进行数据统计分析，最终计算出该区间内旅行时间。样本量低于可用样本量时，采用历史数据补偿机制。

5. 诱导生成服务

根据路况及路网地图生成简易的诱导图片，并将图片放到指定的存储服务器上，返回图片地址。

6. 运行状态监控服务

提供对信息服务平台所有服务及服务器运行状态的监控。

四、交通信息发布系统

交通信息服务系统可以同时采用诱导屏、网站、手机 App、微信等多种形式实时发布交通信息，发布内容包括实时的交通路况、交通事件、交通管制、道路施工、旅行时间等信息。

交通信息发布系统架构如图 6-6 所示。

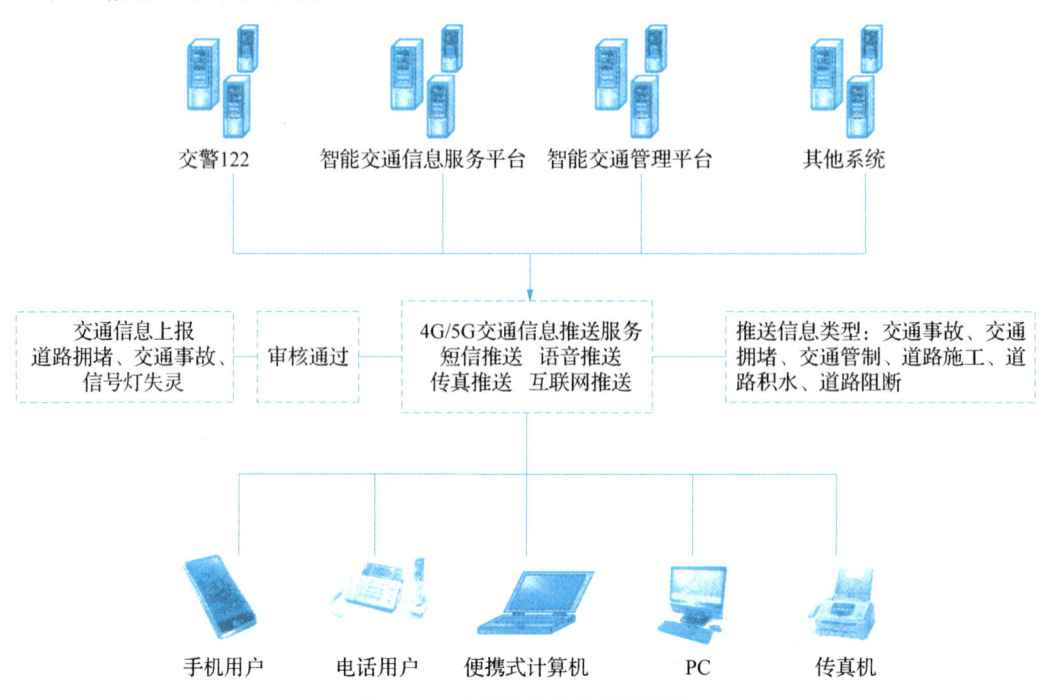

图 6-6 交通信息发布系统架构

1. 交通信息发布审核子系统

发布审核管理,包括静态信息管理,政务信息发布管理,数据分享管理以及微博发布监管。

2. 地图服务子系统

提供公交换乘(如图6-7)、公交线路、站点查询;提供驾车、兴趣点查询;提供地图测距、测面积功能;具备停车动态泊位、旅行时间计算、路口简易图、交通管制、道路施工、交通事件等便捷查询功能。

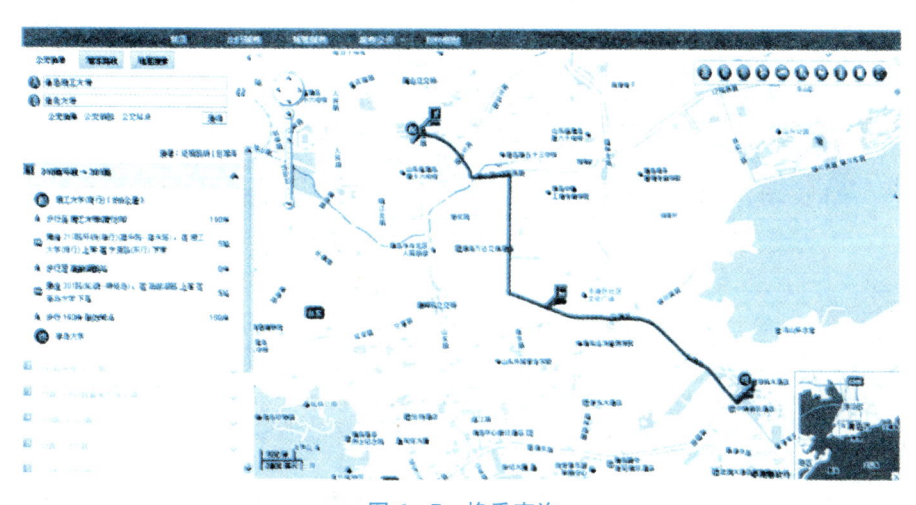

图6-7 换乘查询

3. 动态导航服务子系统

根据出行者的动态位置实时提供交通信息语音播报及路径导航服务。导航的过程中系统可以为驾驶人提供前方路段实时旅行时间信息、实时发生的交通事故信息,同时还可以提供准确有时效性的临时交通管制信息、道路施工信息、分时段禁左与单行线信息、桥隧高速公路通行信息及交通相关的气象信息等信息,并且可以根据交通拥堵情况实时向驾驶人推荐最优行驶路线,通过语音自动提示驾驶人提前规避相关拥堵路段。

项目实施

一、项目简介

1. 整体目标

多媒体指挥调度系统以音视频、通信调度为核心,以 4G/5G 网、交通专网、卫星链路等为支撑,为用户提供及时、便捷、有效的音视频通信和数据通信,实现接、报、处、结等交通行业相关业务的高效处理。

从建设目标来看,就是推动信息的流动来协助预防、发现和处置交通应急事件:一是要看得见"事",发现事件;二是叫得到"人",指令能下去,语音信息要流畅;三是调得动"物",要把相关的资源积极地调动起来。

2. 系统框架

系统共分为四层，即应用业务层、综合调度层、接入系统资源层、通信终端层（如图6-8）。

（1）应用业务层。包括事件处置、现场执法等在内的各种业务。

（2）综合调度层。综合多媒体指挥调度系统，类似于中台的概念。

（3）接入系统资源层。主要实现视频会议系统、无线集群通信系统、会议音响系统、GIS地理信息系统、办公电话系统等的接入。

（4）通信终端层。主要包括功能终端手机、视频会议终端、无人机等。各类系统汇总完之后，最终提供相应的接口到业务系统，实现相应的应用。

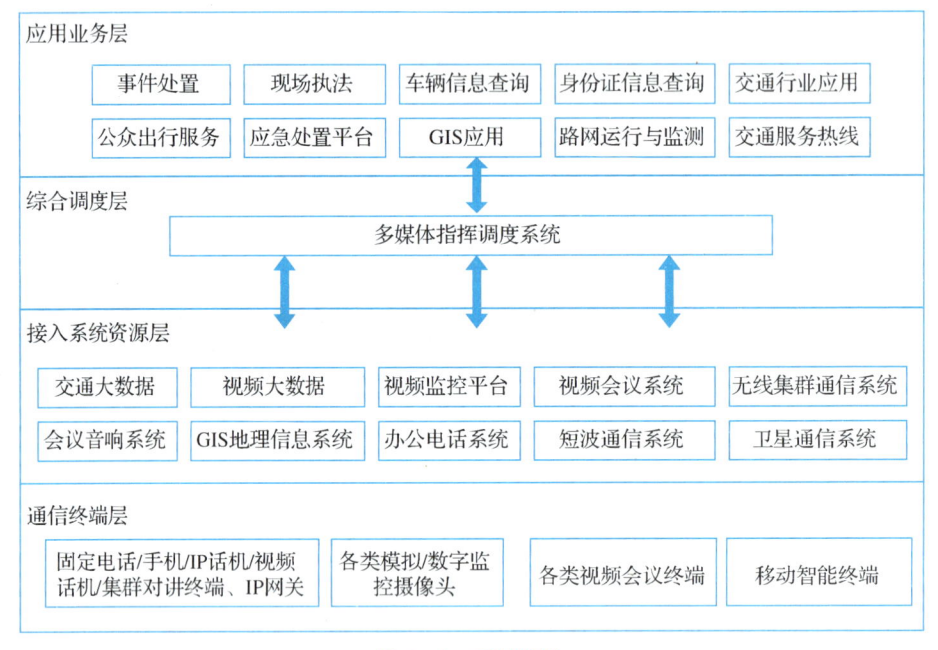

图6-8 系统架构

3. 系统组网拓扑（如图6-9）

（1）云平台。云平台上部署相应的服务，比如视频调度、即时通信、电子传真、短信等，与第三方系统完成对接，目前主要对接的是视频会议和视频监控。

（2）省、市级交通指挥调度中心。调度中心和视频会议比较类似，但视频会议更多面向培训。在应急领域，接入外场感知资源，包括视频监控、无人机等。

（3）指挥大厅。部署有相应的调度台，对所属的相关资源进行调度。

（4）处置现场。部署有现场指挥系统，也可配备相应的执法终端。

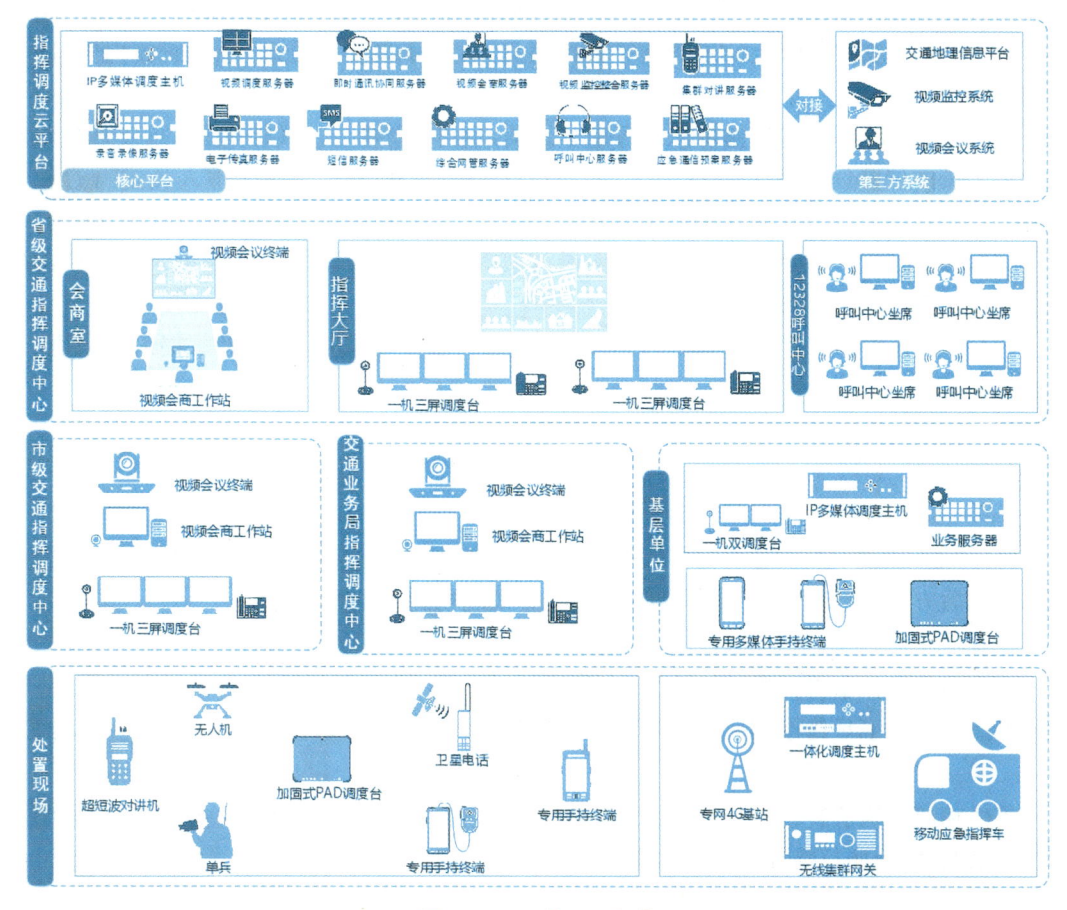

图 6-9 系统组网拓扑

4. 系统技术说明

技术体系说明主要分三个层次：

（1）通信是基础。通信是所有沟通的基础,确保网络、语音、视频等畅通,是做出相应指令下达的基础。

（2）调度是手段。在通信的基础上根据业务的相关需求,提供相应的调度手段。

（3）指挥是目的。无论通信还是调度,最终目的都是为指挥调度做相应的服务。

5. 整体功能

整体功能需实现"平战结合",即"日常"和"应急"的结合。"日常"提供相应的日常服务,"应急"提供应急处置所需要的通信支撑。

典型功能包括：

（1）视频会商。其与视频会议最大的区别在于:应急指挥或者平时讨论的时候,需把外场的监控资源全部接入。

（2）视频预览及分享。强调对现场情况的分享,方便其他人员实时了解,类似直播。

（3）网集群对讲。日常归属固定集群对讲组,处置事件时可随时加入事件临时对讲组,为执法人员和现场处置人员提供快捷的沟通渠道。

（4）协同指挥（交通微信）。针对具体事件创建协同工作组，处理人员在协同工作组中分享语音、视频、文字、图片、GIS信息等各种信息，有利于事件的处理，也能封闭内网，防止泄密的情况发生。

（5）基于GIS的可视化指挥。内置电子地图，也可对接第三方专业地图，可实现查看现场处理人员的位置信息及运行轨迹，指挥人员在GIS上可以直接与处理人员进行音视频通话。

（6）执法记录。支持现场本地高清记录或实时上传，也可以配合执法记录对讲仪实现一键高清拍照、摄像及上传。

（7）事件处置。支持外线电话、手机APP等多种灵活方式接入，以及智能来电识别、来电弹屏等。

二、应用场景

1. 节假日交通高峰出行的指挥调度

每年"五一"、"十一"、春节等节假日，通常会有领导到省级指挥中心查看相应情况，因此需要利用后方调度台与现场知情人进行连线，获得现场的监控情况。

2. 重大交通事故处理及应急演练

应急演练模拟重特大事故的处置，利用事故附近摄像头、无人机等查看现场全景，公网瘫痪时能够通过卫星传输到后方指挥中心，很多省份每年都会进行一次到两次的应急演练。

3. 日常巡检与综合执法

提供相应的执法装备，执法记录仪内置对讲的功能，实际上是几台设备的集合，也可以进行通信联络、证照扫描和文书打印等。

三、主要产品

1. 调度台

大型调度台主要用于大型指挥中心使用，多屏上呈现语音调度、视频调度、GIS调度等。小型化调度台适合下级指挥中心、小型值班室使用，也可适用于空间受限的场合。桌面式智能调度台用于重点客运场站，小型值班室等。加固式PAD调度台主要是现场指挥人员使用或用于后方移动指挥（如图6-10）。

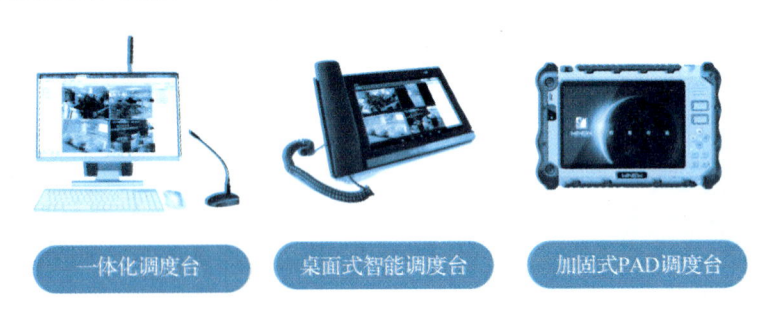

图6-10　各种调度台

2. 终端产品

提供 4G/5G 智能执法记录对讲仪,可以当单回传的终端实现回传,可以做网集群对讲,可以当执法记录仪,也可以当数据终端来使用(如图 6-11)。

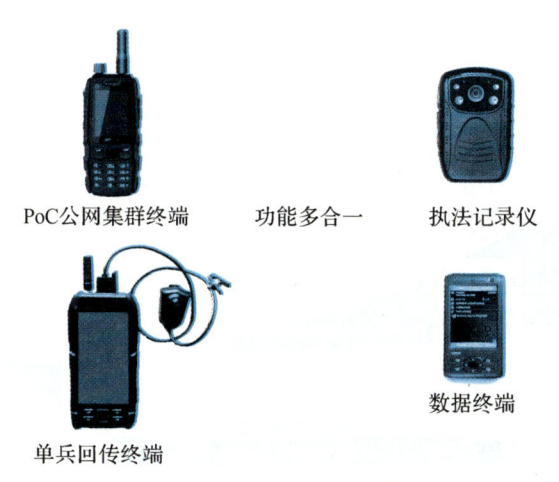

图 6-11　各种终端产品

课后测评

一、单项选择题

1. 先进的交通管理系统的英文简称是( )。
   A. ATMS　　　　B. ITS　　　　C. GIS　　　　D. ATO

2. 交通信息服务系统包括( )、( )、( )三大子系统。
   A. 交通信息管理、交通数据传输、交通信息发布
   B. 交通信息采集、交通数据处理、交通信息发布
   C. 交通信息管理、交通数据处理、交通信息查询
   D. 交通信息管理、交通数据处理、交通信息发布

3. ATMS终端用户可分为四个类别，分别是( )。
   A. 使用者终端、系统终端、环境终端、其他子系统
   B. 使用者、管理者、运营者、安全支持者
   C. 使用者终端、管理者终端、环境终端、其他子系统
   D. 个体驾驶员、交警、公交出行者、非机动车和步行出行者

4. 下列关于智能信息服务系统子系统的表述，正确的是( )。
   A. 交通信息管理系统主要对交通状况相关信息进行管理
   B. 交通数据处理系统会对拥堵路况进行计算、推断旅行时间等
   C. 交通信息发布系统直接根据数据处理计算结果生成发布信息，无需审核
   D. 为保证数据安全，三大子系统内部进行数据和信息传输，不应保留对外接口

二、多项选择题

1. 交通指挥调度系统从( )三个方面，以视频监控、GPS单兵定位、PGIS等为支撑，实现勤务分级管理。
   A. 事前部署　　B. 事中监督　　C. 事后考核　　D. 其他

2. 指挥调度系统的具体功能包括( )。
   A. 交通指挥调度　　B. 专项治理　　C. 停车诱导　　D. 其他

3. 常见类型的ATMS物理框架，分别是( )。
   A. 中心式　　　　　　　　　　B. 点对点分中心协调式
   C. 点对点的允许控制式　　　　D. 中心协调式

三、简答题

1. 先进的交通管理系统概念是什么？
2. ATMS的作用是什么，它的物理框架及其组成又是什么？
3. 公安交通指挥系统结构有哪些特点？
4. 指挥调度从哪三方面实现勤务的分级管理？
5. 智能交通信息服务系统分为哪三大系统？

交通地理信息系统

项目七

项目描述

随着信息技术的不断发展,地理信息系统(GIS)已经成为城市规划与建设领域的重要工具。GIS 系统集成方案将各种 GIS 软件、硬件和数据资源整合在一起,为城市规划与建设提供了强大的支持。很多企业在 GIS 领域积极布局,高德、百度、京东等均拥有导航地图甲级测绘资质和互联网地图服务甲级资质。GIS-T 是 GIS 在勘测设计、规划、管理等交通领域中的具体应用,很多省份已经成功完成了平台的建设,并且应用效果显著。请利用所学知识来构建一个基于 GIS-T 的城市交通网络吧!

学习目标

1. 掌握 GIS-T 系统的概念;
2. 掌握 GIS-T 在交通工程领域中的应用;
3. 掌握 GIS-T 城市交通网络的构建方法。

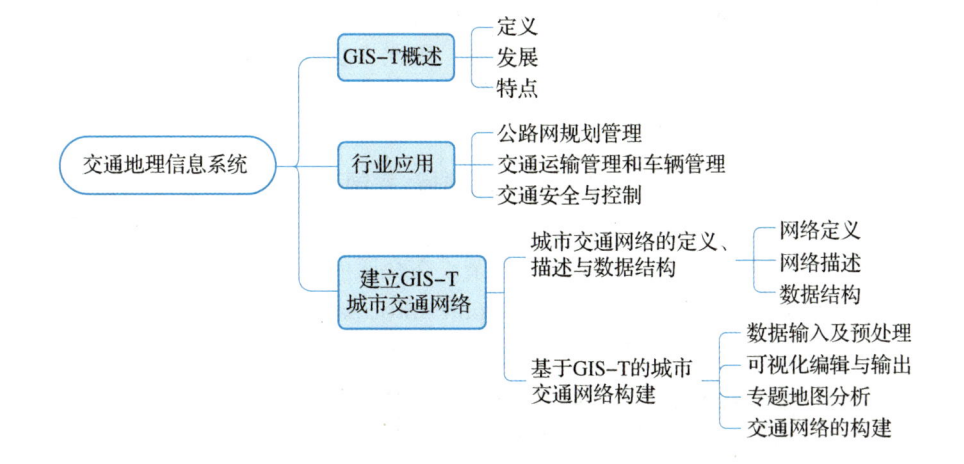

知识引导

- 交通地理信息系统
  - GIS-T概述
    - 定义
    - 发展
    - 特点
  - 行业应用
    - 公路网规划管理
    - 交通运输管理和车辆管理
    - 交通安全与控制
  - 建立GIS-T城市交通网络
    - 城市交通网络的定义、描述与数据结构
      - 网络定义
      - 网络描述
      - 数据结构
    - 基于GIS-T的城市交通网络构建
      - 数据输入及预处理
      - 可视化编辑与输出
      - 专题地图分析
      - 交通网络的构建

第一节　GIS-T 概述

交通地理信息系统(Geographic Information System for Transportation)，是收集、存储、管理、综合分析和处理空间信息和交通信息的计算机软硬件系统，是 GIS 技术在交通领域的延伸，是 GIS 与多种交通信息分析和处理技术的集成，它将为交通各部门提供一个功能强大的空间信息服务和管理工具。

```
┌─────────┬──────────────┬─────────┐   数据采集与质量
│  地形图  │  各类现状及规划  │  属性数据  │   控制子系统
└─────────┴──────────────┴─────────┘

┌─────────┬──────────┬──────────┐     数据库子系统
│  元数据库  │  空间数据库  │  属性数据库  │
└─────────┴──────────┴──────────┘

┌──────┬──────┬──────┬──────┬──────┬──────┬──────┐
│路网管理│空间查询│统计分析│空间分析│专题制作│路径优化│栅格显示│
└──────┴──────┴──────┴──────┴──────┴──────┴──────┘
```

图 7-1　系统功能表征子系统

地理信息系统简称 GIS(GIS-Geographic Information System)，它是指为收集、管理、操作、分析和显示空间数据的计算机软、硬件系统(如图 7-1)。

GIS 的发展始于 20 世纪 60 年代，是与计算机技术同步发展的。今天的地理信息系统集成了计算机数据库技术和计算机图形处理技术，所处理的事务对象具有空间地理特征，也具有统计信息特征。如一段公路，起讫点是它的地理特征，公路的造价、技术标准以及交通量等又具有统计数据特征。

地理信息系统的基本思想是将地球表层信息按其特性的不同进行分层(base map)，每个图层存储特征相同或相似的事物对象集，如河流、湖泊、道路、土地利用和建筑物等构成不同的图层，然后分层管理和存储。这样每个图层都有一个唯一的数据库表与其相对应，这个数据库表成为属性数据库，库中内容称属性数据。因此，地理信息系统是一种空间性数据库管理系统，能够进行空间查询和空间分析，用户可以根据需要建立一个应用分析模型，通过动态分析为评价、管理和决策服务。

由于 GIS 的功能和使用特点非常适合交通领域，我国交通部门一直是其应用的重点行业之一。随着社会的进步，社会经济水平不断提高，人民生活也越来越富裕，由道路、水运、铁路、航空和管道构成的交通系统也越来越复杂。在交通的规划、设计和管理中遇到许多前所未有的难题。而交通地理信息系统(Geographic Information System for Transportation，GIS-T)的出现给新时期的交通提供了崭新的技术平台和手段。

GIS-T 为新时期的交通行业发展提供了新的思维模式。GIS-T 在我国的发展呈现出以下特点：

(1) 交通系统应用 4G 技术，体现出集成和综合的特点，交通运输部提出了"数字交通"

的概念,加强以 GIS-T 为核心的信息技术在交通领域的综合研发和应用。

(2) 以省、部级有关单位为示范,以地市级单位为推广,以大型的运输企业为综合应用,广泛推广实施 GIS-T 技术的应用,提高了交通行业发展的技术含量。

(3) 不仅在基础设施管理单位开发相关系统,而且逐渐向物流和电子商务等交通服务领域转移,建立以 GIS-T 为平台的物流核心关键技术。

(4) 随着我国智能运输系统应用逐步开展,一些成功的智能运输系统把 GIS-T 作为系统的信息平台,通过地理信息系统整合各种其他交通信息。目前 GIS-T 在交通行业的很多领域都有比较好的应用和发展前景。

第二节　行业应用

GIS-T 在交通工程领域的应用主要包括以下三方面:

一、公路网规划管理

目前,基于 GIS-T 技术的交通规划模型与 GIS 集成一体,使得公路网规划功能更加强大。为此,交通研究者连同软件开发者研发出多款交通规划软件如 TransCAD、Cube、Trips 等,被广泛应用于交通规划各领域。GIS-T 为交通运输规划建立区域空间数据库提供高效的技术方法,GIS-T 的空间查询及分析能力与交通规划模型结合,为公路网进行规划、选址、分析和最佳路径的寻找提供了方便。环境监控与评估 GIS-T 使公路网规划更好地考虑和评估对环境的影响。GIS-T 利用传感器与主控计算机相连,对汽车排放废气、产生噪声造成的环境污染进行监督,对传感器获得的数据进行分析处理,并及时向交通管理部门汇报以便做出决策。

二、交通运输管理和车辆管理

(1) 道路维护设计利用 GIS-T,将路网实体数据和属性数据以分路段的方式与地理坐标联系起来,可以进行道路质量管理和桥梁维修管理;通过 GIS-T 技术与路面管理系统、桥梁管理系统等公路养护系统相结合,使得各种路况信息能够通过地理信息系统实时、形象地显示,从而使道路养护管理更加科学和高效。城市道路中也采用 GIS-T 技术完成路面的设计和养护,以及道路附属设施的设计和维修。

(2) 车辆运营管理借助 GIS 的运行路线选择优化功能,运输企业可以对所属的车辆运营路线进行优化;基于 GIS-T 的专题地图统计功能,用户可以分析客流量变化,从而及时做出车辆调整计划;此外,交通运输管理部门可以借助 GIS-T 对特种货物(长大的货物、危险货物、贵重货物)运输进行路线选择和监控。GIS-T 和 GPS 相结合被广泛应用到物流管理中。

这种运营方式可以充分利用车辆资源,提高车辆运输效率,降低运营成本,引导车辆行驶,将 GIS-T 中有关道路地图和停车设施、道路属性及购物、游览的信息直观地呈现在驾驶人面前,并提示车辆当前的位置,帮助驾驶人搜索到达目的地的最佳路径。随着智能交通系统(ITS)的发展,ITS 可为驾驶人提供实时的交通信息,GIS-T 可利用这些实时信息直观地为驾驶人提供汽车行驶的最佳路线及停车服务。

三、交通安全与控制

（1）车辆控制和监控。GIS-T 和 GPS 相结合，对车辆实行监控和路径导航，向道路使用者提供实时动态的交通信息服务。车辆控制对于驾驶人而言，驾驶人可利用 GIS-T 实现行车安全报警、实时导航、自动驾驶、防车辆碰撞等功能；车辆监控对于交通运输管理者而言，通过 GIS-T，借助自动监控设施和设备，可适时监督记录车辆违法事故和犯罪的信息，从而实现对车辆的监控。

（2）事故定位、预测和分析。GIS-T 将计算机辅助绘图软件和交通事故数据文件与 GIS-T 集成为一个整体，开发出事故定位系统。利用计算机辅助绘图软件将 GIS-T 中的地图信息与一定的坐标相对应，并隐去不必要的图像，将经过一定修正的交通事故文件与 GIS-T 中的交叉口或路段进行重叠，从而更加形象直观地报告事故地点、性质和起因，并对全区域的各事故点的发生频率进行比较，找出事故多发地段，分析可能引起事故的道路条件的缺陷，结合现有道路条件，进行事故发生情况的预测，有些研究还利用 GIS-T 再现事故，为事故鉴定提供有效的手段。

第三节　系统功能

GIS-T 在智能交通系统（ITS）、城市交通管理等方面发挥重要作用，支持交通规划、管理和优化，提高交通系统的效率和安全性。GIS-T 系统的功能如下：

1. 空间数据管理

GIS-T 系统能够收集、存储、管理、综合分析和处理空间信息和交通信息。这包括对空间和属性数据的输入、存储、编辑以及制图和空间分析等。

2. 空间分析功能

GIS-T 的核心功能是空间分析，包括叠加分析、地形分析和最短路径优化分析等。这些功能支持交通设计部门进行公路测设、地形模型分析等。

3. 动态信息处理

GIS-T 系统能够处理动态交通信息，如实时交通信息的发布和管理。这包括交通诱导与交通控制集成，以及交通综合信息平台的应用。

4. 制图和显示功能

系统可以制作和显示地图，分层输出专题地图，如交通规划图、国道图等，并支持地图的放大缩小以显示不同的细节层次。

5. 测量功能

GIS-T 系统可以测定地图上线段的长度或指定区域的面积，支持精确的地理测量。

6. 数据库技术

GIS-T 系统利用数据库技术管理大量交通信息，提取有效信息并表达交通信息的时间特性，支持多平台和多系统的数据共享与互操作。

7. 面向对象技术

通过面向对象技术，GIS-T 系统能够实现基于特征、非平面的数据模型，使交通地理信息系统更加真实完整地表现交通现象。

项目实施

一、项目背景

城市交通网络是城市交通规划、建设、管理的基础。在进行交通规划等工作前,必须花费大量的时间进行交通网络的构建,因其具有复杂的拓扑结构体系,与采用纸质或 CAD 制图等传统方法相比,利用 GIS-T 提供的完善的网络拓扑结构和特定的数学模型对其进行分析,并以图形和表格的形式实时、直观地表现出来,可以更为高效地为决策者提供快速的辅助决策的依据。

首先,交通网络信息随着时间变化需要及时更新,在进行交通规划时,要根据交通分析评价的结果,对路网方案做出若干次相应的调整修改。用传统的交通网络处理方法很难快速、准确地更新网络信息。

其次,传统的城市网络分析方法是将交通系统内的各个单元单独进行研究,如果整个系统内单元之间的相互影响很小,这种数据方案的更新方法是可行的,否则就会产生较大的偏差。

运用 GIS-T 技术能够实时、动态、准确、直观地采集、修改及更新交通网络空间数据与属性数据,将局部更新的数据、方案及时反馈到整个区域网络上,显示局部交通信息变化对整个区域网络的交通流量及其他数据的影响。可以说,GIS-T 技术的运用是系统分析思维最直观的体现。

二、建设思路

交通空间数据是交通地理现象经过抽象整理之后的一种表达形式,是纷繁复杂的交通地理现象经过提炼浓缩之后的简单而有条理的表达。交通数据的种类繁多,包括空间数据、属性数据、时态数据、影像数据等,数据量大,操作复杂。并且,交通信息具有精度要求高、规则复杂、动态化、离散化等特点。因此,对交通领域空间数据的抽象与描述是一项非常复杂的任务。

1. 网络定义

城市区域交通网络可以抽象为由结点、有向边和权构成的拓扑图,网中的结点就是街道交叉口,其边(弧)即该网络两交叉路口间的街道,其弧长是与该网络的边(弧)相关的数量指标,称为边(弧)的权,例如道路的长度、运行时间、运输费用等。

(1)结点　在交通网络拓扑结构中,结点通常表示路段的连接处,是交通流产生、消失和交通流路径变换的地点。

(2)边　在交通网络拓扑结构中,边用于连接两个结点,具有方向性,通常是交通流行进的主要载体。

(3)权　权是与该网络有向边相关的指标,如出行方式的旅行时间、旅行距离、运输费用以及换乘距离和时间等。

2. 网络描述

网络的描述包括定性和定量描述，"城市区域交通网络"属于定性描述。定量描述包括空间特征和属性特征两方面。空间特征主要指交通空间实体的空间坐标，用几何网络与拓扑网络表示。其中几何网络表征空间位置，拓扑网络表征空间关系。属性特征指的是一些量化指标，如交通量、出行时间等。空间特征数据和属性特征数据之间通过关键字建立逻辑连接。

3. 数据结构

城市区域交通网络属性数据按其在交通分析中的作用可分为基础数据和分析数据。基础数据为交通分析做准备，从基础数据可得到区域交通网络结构和必要的属性描述。分析数据是在交通分析过程中生成的。

三、建设路径

城市区域交通网络的建立是数据库建立的基础，也是花费时间最多的一项工作。原始数据的处理和建立交通网络的拓扑关系是实现交通规划及其他工作的前提，传统的手工作业在网络规模较大时难免产生错误，因此利用GIS-T技术对采集后的数据进行处理不仅能提高工作效率，还能避免人工操作产生的错误。

1. 数据输入及预处理

（1）数据输入

前面已建立了交通网络数据库结构，但这样的数据库中还没有数据。数据输入是将原始的外部交通数据转换为系统便于处理的内部格式的过程，即交通网络数字化的过程。交通网络的数据量比较大，目前广泛采用的数据输入方法是手工数字化方法。最基本的方法是在扫描地图的基础上，生成若干没有属性信息的专题图层，如现状道路网、交通小区、公交线网图层等；然后便可利用GIS中的信息工具手工输入相关信息，形成完整的交通网络信息系统。在以后的交通分析中，可以很方便地调用或修改其中的交通信息。在此过程中，为了校核输入数据的正确性，可以利用GIS的专题制图功能，将交通网络中的"等级"等属性，用颜色或宽度加以渲染，生成交通网络等级专题地图，与实际情况相比较，可以直观地判断输入数据正确与否。

（2）几何网络预处理

不论采用哪种输入方法，数据采集结束后最直观的结果就是电子地图，地图不但是交通网络的直观表达，更是空间对象属性信息的载体。通常初始采集的原始空间数据并不能满足系统数据质量的要求，必须进行加工处理，如数据清理、检查及建立拓扑关系和数据格式转换。这一环节的工作量很大，一般与数据采集的工作量相当。其目的是为生成网络准备满足网络处理要求的、合理的数据，否则将可能进行不必要的网络编辑。

① 交叉口。在每一个交叉口将一条线分为两条线，并复制相应的属性数据。在打断线时，在打断位置加入特征点。手工打断通过鼠标在线上单击，用新产生的特征点将线一分为二。

② 结点。结点是线段的端点，在交通网络中，结点是建立结点-弧段拓扑关系、形心结点-交通区关系的基础。两条及两条以上的线或多边形边界的端点本来应是同一个点，但由于数字化的误差，这些点的坐标不完全一致，造成它们不能建立关联关系，必须将它们匹配

为一个结点。手工匹配方法是：通过鼠标拖动，将各个点拖到一点。

③ 悬挂线。由于数字化、编辑、自动剪断线等会引起线图层中存在很短的线段，即悬挂线，这些线段不是所希望的或实际上并不存在，必须删除。

（3）逻辑网络的生成

几何网络是生成拓扑网络的基础，几何网络与拓扑网络是一对多的关系，拓扑网络可以根据几何网络边要素的空间位置由应用软件自动生成拓扑网络的结点元素、联线元素及其相互之间的拓扑关系。拓扑网络一般用于对交通网络在某一时空状态的空间分析。不同应用、分析目的的拓扑网络按一定条件选择几何网络的边要素和结点要素生成。如要对现有交通网络进行路径分析，必须生成现时交通拓扑网络。如果用于规划路网的交通分配，必须生成将来可能交通拓扑网络。

（4）复杂空间对象的处理

路网主要包括道路、交通管制等概念。道路由路段和交叉口组成，路段由车道和道路隔离设施组成，交叉口分为信号控制路口和非信号控制路口。是否采取机非隔离、双向隔离等措施将会影响道路的通行能力；交叉口有无行人过街设施、有无信号控制同样也会影响道路的通行能力。而交通管制是对路段和路口的通行控制，主要规定了路段和路口的禁行和通行规则。上述这些影响道路通行能力的属性一定要在属性表中反映出来，考虑到的因素越多，越能真实地反映实际路网的通行状态。

2. 可视化编辑与输出

数据编辑主要包括图形编辑和属性编辑。图形编辑主要包括拓扑关系建立、图形编辑、图形修饰、图形变换、投影变换及误差校正等功能；属性编辑主要包括属性字段的增删、记录的添加等功能。由于交通空间实体都处于发展的时间序列中，通常获取的数据只反映一定时间范围内的状态，随着时间的推进，数据也会改变，这时即需要进行数据更新，数据更新即以新的数据替换相对应的数据项或记录，数据更新能够满足动态分析的需要。GIS-T 能以合适的形式输出用户查询结果或数据分析结果，可以利用数据校正、编辑、图形整饰、误差消除、坐标变换等技术来提高输出质量。

3. 专题地图分析

专题地图分析是 GIS-T 中最具代表性的一种数据分析方法，它将传统的数据分析引入一个可视化空间中，规划人员可以直观地掌握全面情况。在进行洋湖垸区域规划时，无论在网络优化过程中，还是提出规划方案后，都进行了专题地图分析。在网络优化过程中，专题分析用来帮助提供各种可视化的交通专题地图：交通网络结构、交通流量信息、交通服务水平等，为规划和管理人员提供直观、全面的可视化交通网络信息，找出其不完善的地方，从而不断进行网络调整优化。在规划方案提出后，专题地图可以帮助决策部门在制订交通建设计划时进行决策，从而提高城市道路建设项目的合理性和科学性。专题地图可直接打印，也可保存为多种格式的图形文件。

4. 交通网络的构建

区域交通网络构建步骤通常如下：

（1）参考图层的配准。首先用 Photoshop 软件将扫描后的光栅地图进行拼接、处理，其次在 MapInfo 软件中进行地图配准，经配准后的地图作为参考图层，并在其基础上进行交通小区图层、道路网络图层的绘制。

（2）交通小区层的建立。以参考图层为基准，根据交通小区划分原则，绘制交通小区，并添加必要属性信息，如小区人口、土地利用以及交通发生吸引量等。

（3）区域道路网络层的建立。以参考图层为基准，绘制区域道路网络，并添加道路网及必要属性数据。道路网由一系列连续的路段组成，路段与路段相交的地方代表交叉口，道路层按道路等级不同分为高速公路层、快速路层、主干道层、次干道层、支路层等多个线层。在TransCAD中，对各个线层分别进行拓扑检测后合并成一个线层。

（4）交通小区层与基层线网层的关联。完成图层绘制后，需建立小区与路网的连接，即将各小区的发生吸引点连接到路网上。

（5）基层线网层与交通小区层的基本属性设置。在创建图层时，需要给图层设置属性，也可在图层建成后再设置属性。

根据以上步骤，得出城市区域交通网络的构建流程，如图7-2所示。

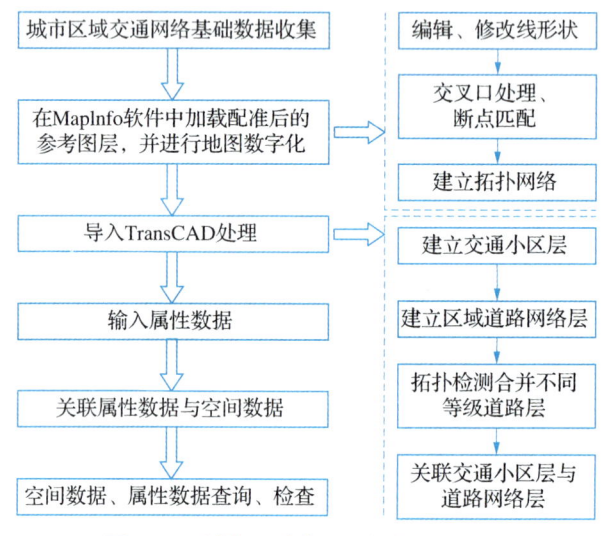

图7-2 城市区域交通网络构建流程图

课后测评

一、单项选择题

1. 交通地理信息系统的英文简称是（　　）。
   A. ITS　　　　　B. GIS-T　　　　　C. TGS　　　　　D. GPS
2. 关于 GIS-T 和地理信息系统的表述，错误的是（　　）。
   A. GIS-T 是地理信息系统技术在交通领域的延伸
   B. GIS 的主要功能为收集、管理、操作、分析现实空间数据
   C. 地理信息系统是一种数据库，所以很难实现可视化操作
   D. GIS-T 在我国具有比较好的应用和发展前景

二、多项选择题

1. 城市区域交通网络可抽象为由（　　）构成的拓扑图。
   A. 结点　　　　　　　　　　　　B. 有向边
   C. 权　　　　　　　　　　　　　D. 其他

三、简答题

1. 交通地理信息服务系统的概念是什么？
2. GIS-T 在交通工程领域的应用主要包括哪三方面？
3. 城市交通区域可以抽象为哪三种形式构成的拓扑图？

出行者信息系统

项目八

项目描述

北京市在公共汽车、地铁、高速公路运营管理、长途客运、出租车等交通领域的信息化和智能化步伐已经迈出，并呈现出加速发展的良好态势。在这些领域中先后建成并应用的系统主要有公交运营指挥调度系统、公交网站、公交服务热线、电子站牌和车内滚动显示屏、地铁运营指挥调度系统、高速公路监控中心、省际客运联网售票系统、出租车 GPS 和卫星定位系统等。为了更好地为公众提供交通服务，在之前系统的基础上，北京市需要一套完善的公众出行交通信息服务系统。

学习目标

1. 掌握 ATIS 系统的体系结构；
2. 掌握 ATIS 系统组成；
3. 掌握 ATIS 系统的服务内容；
4. 掌握 ATIS 系统的技术应用。

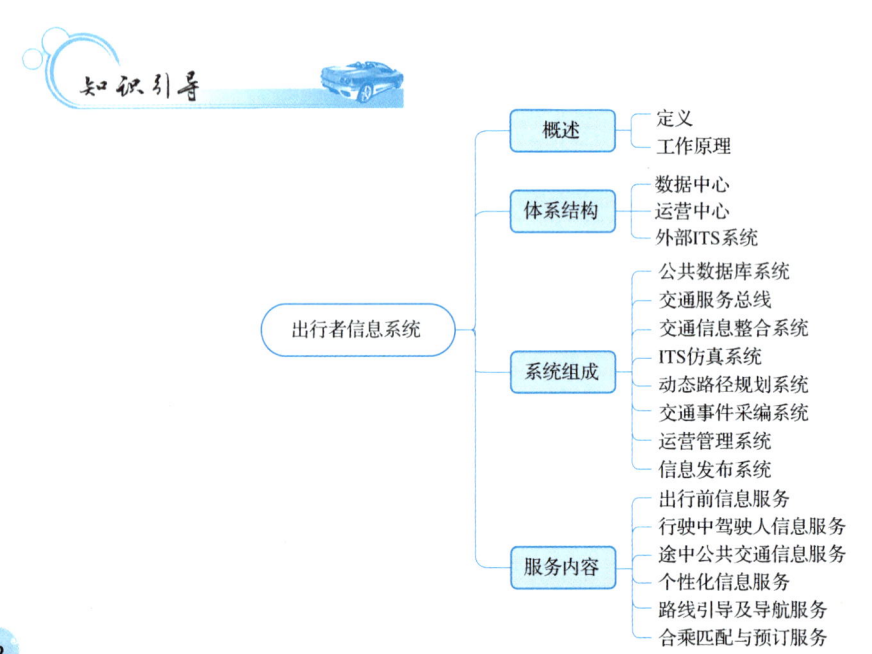

知识引导

出行者信息系统
- 概述
  - 定义
  - 工作原理
- 体系结构
  - 数据中心
  - 运营中心
  - 外部ITS系统
- 系统组成
  - 公共数据库系统
  - 交通服务总线
  - 交通信息整合系统
  - ITS仿真系统
  - 动态路径规划系统
  - 交通事件采编系统
  - 运营管理系统
  - 信息发布系统
- 服务内容
  - 出行前信息服务
  - 行驶中驾驶人信息服务
  - 途中公共交通信息服务
  - 个性化信息服务
  - 路线引导及导航服务
  - 合乘匹配与预订服务

知识学习

20世纪80年代以来,在欧、美、日等发达国家为寻求缓解公路交通堵塞对策的研究中,出现了以个体出行者为服务对象的综合交通信息系统,通过出行者与交通信息中心的双向信息传递从而建议或约束出行者的出行行为,达到减少延误、缓解交通拥挤的作用。这种系统通常称为先进的出行者信息系统(Advanced Traveler Information System,ATIS)。ATIS 充分运用先进的通信技术、信息技术,在各种场合以多种方式向出行者提供高质量的实时的交通信息服务。ATIS 的工作原理如图 8-1 所示。

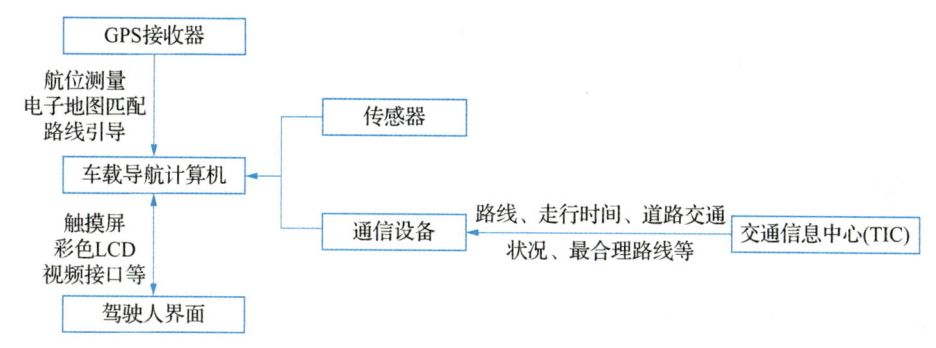

图 8-1 ATIS 的工作原理

各系统间的结构框架如图 8-2 所示。

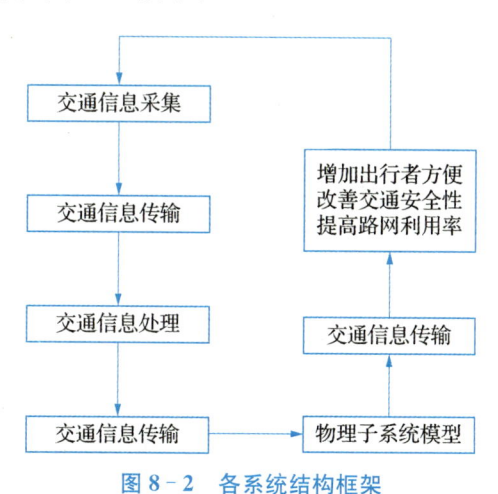

图 8-2 各系统结构框架

出行者信息系统是 ITS 的一项重要研究内容,它是建立在完善的信息网络基础上的,交通信息中心通过装备在道路上、车辆上、换乘站、智能停车系统以及气象中心等处的传感器和传输设备,获取实时交通信息;ATIS 得到这些信息并通过处理后,实时向出行者提供道路交通信息、公共交通信息、换乘信息、交通气象信息、智能停车系统信息以及与出行相关的其他信息;出行者根据这些信息确定出行方式、选择路线,从而达到规划出行、避免交通拥挤、节约出行时间的目的。有效的出行者信息系统应该覆盖多种运输方式,并能够满足驾驶人和出行者的需要。它运用多种技术为消费者提供道路信息、公交信息和其他与出行有关的重要信息,以帮助消费者选择出行方式(私家车、火车、公交车等)、出行路线和出发时间。

第一节 体系结构

出行者信息系统由城市信息模块组成。城市信息模块(City all-round Transportation Information Module,CTIM)是一个城市管辖区域内的综合交通信息、天气资讯、旅游娱乐、货物供求等出行需求信息的集成系统。各城市信息模块通过交通服务总线按地理位置以地图的模式相互连接,其信息出入口为进出各城市的公路、铁路和航线(飞机和轮船),查询跨区域交通线由相同的信息出入口连接。

城市信息模块兼有信息集成和信息发布的功能,整合城市异构交通信息资源,研究多模式交通数据采集与融合、信息检索与发布、综合出行规划的关键技术,通过互联网、电话、车载信息终端、广播电视等多种媒体手段提供个性化的出行服务,出行前为出行者提供智能顾问,选择出行和换乘方案;出行中,为出行者提供电子向导、动态实时信息服务,构建一个面向各种出行者的综合性城市交通信息服务系统,及时准确地提供各种交通及出行服务,满足社会对交通信息服务的需求。

城市信息模块按照数据中心、运营中心职能分立的原则建设和运营,其体系结构如图 8-3 所示,这种分立模式可以使系统兼顾不同规模的运营需要、不同商业模式的需求,使系统在运营管理、商业运作上有充分的弹性。

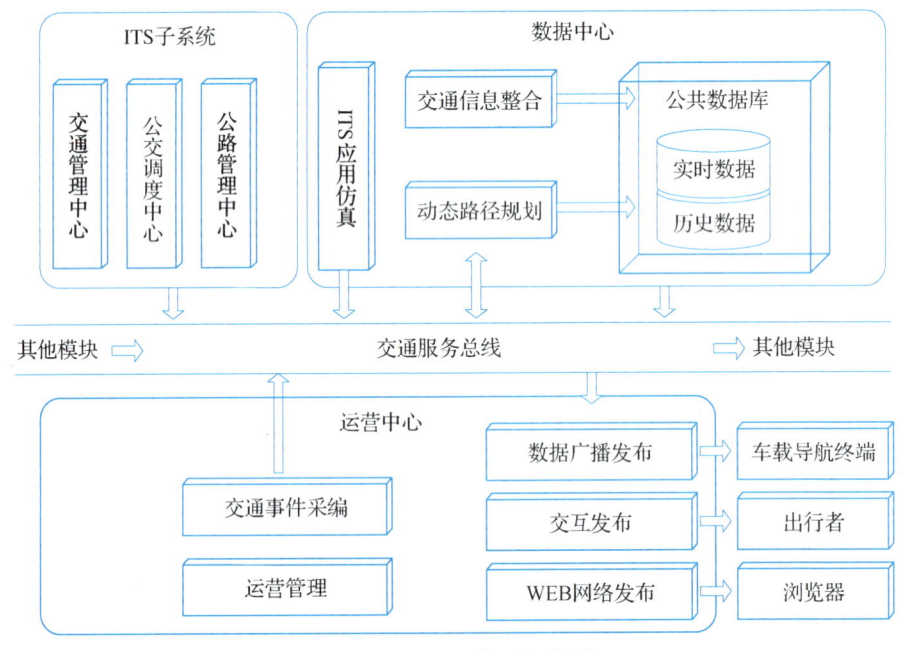

图 8-3 CTIM 体系架构图

数据中心负责交通信息的采集、融合和管理,提供高性能计算能力,支持海量数据管理、交通状态预测、动态路径规划。数据中心是整个系统的基础,包括从智能交通各个子系统采集的共享公共数据,如城市基础地理信息、静态交通数据、动态交通数据、图形数据、统计数据等,这些数据用于支持信息发布。数据中心主要包括公共数据库、交通信息融合、动态路径规划和ITS应用仿真四个子系统。

运营中心负责为日常运营业务提供支撑,面向广播电视媒体、移动终端、普通出行者提供出行信息和广告服务。运营中心主要包括数据广播发布、交互发布、Web网络发布、交通事件采编及运营管理五个子系统,是主要的信息发布中心,主要的服务内容有地图服务、实时路况服务、路况预测服务、历史路况查询、最短时间出行方案服务、公交线路查询、公共设施查询及其他信息服务等。

两个中心之间通过交通服务总线实现数据交换。外部的ITS子系统,如交通管理、公交调度等都通过交通服务总线实现与本系统的相互连通。

出行者信息系统应满足特定国家的发展目标,一般条件下,出行者信息系统的目标主要体现在以下六个方面:

① 促进以实时准确的交通状态为基础的出行方式选择。
② 减少出行者个体在多方出行中的出行时间和延误。
③ 减轻出行者在陌生地区出行的压力。
④ 降低整个交通系统的行程时间和延误。
⑤ 通过公私合作降低交通系统的总成本。
⑥ 减少碰撞危险,降低伤亡程度(如减轻出行者在陌生地区的精力分散程度)。

实践证明,出行者信息系统在出行时间、消费满意程度、路网通行能力以及环境影响等方面具有明显效益,也能够减轻道路拥挤的压力和减少交通事故的数量。美国运输部报告的出行者信息系统的实施效果见表8-1。

表8-1 出行者信息系统的实施效果

指标	效　果
碰撞危险	预计减轻驾驶人压力4%～10%
伤亡程度	与具有GPS定位和路线引导功能的紧急事件管理系统相结合,可以降低伤亡程度
出行时间	减少4%～20%,严重拥挤时更明显
通行能力	模拟显示当有30%的车辆接收实时交通信息时,可以增加10%的通行能力
延误	高峰小时可以节省1900辆
估计排放量	HC排放物减少16%～25% CO减少7%～35%
消费者满意度	可以减轻有意识的压力,与救援中心的无线通信将安全性提高70%～95%

第二节　系统组成

出行者信息服务系统的组成及功能如图 8-4 所示。

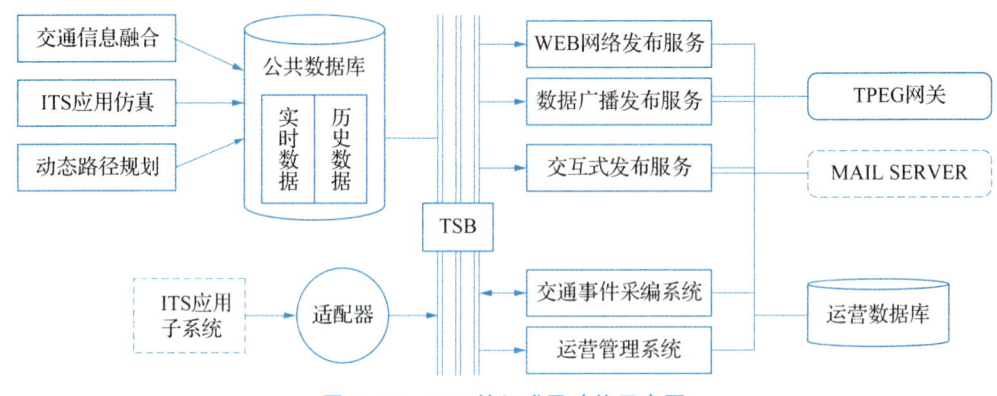

图 8-4　ATIS 的组成及功能示意图

1. 公共数据库系统

公共数据库负责对 ATIS 各子系统的共用数据组织结构和传输形式进行统一规范，并形成一个对共用数据进行组织、存储、查询、通信等管理服务的数据库系统。公共数据库包含动态数据和静态数据，负责完成数据的汇集、融合、归档，提供海量数据搜索能力；提供数据管理工具，完成备份、恢复、监视等功能。

2. 交通服务总线

数据中心与运营中心、ITS 子系统的数据交换通过交通服务总线（Transport Service Bus，TSB）来完成。运营中心、ITS 子系统通过 JMS、Socket、Web Service、FTP 等接口方式向数据中心提交交通数据，保存到公共数据库中。运营中心系统也可以通过该接口进行交通信息订阅和查询，统一对外进行交通信息发布。

运营中心采用消息队列机制向数据中心订阅各种实时交通数据，根据出行者的订阅情况和数据广播内容，数据中心系统一旦接收到新的交通数据立即向运营中心系统转发，运营中心系统一旦接收到新的交通数据自动以各种方式发送给数据消费者（车载终端、外部系统等）。

3. 交通信息融合系统

为了实现出行信息服务，必须能采集到道路状况、交通状态和气象信息。交通状况信息包括交通流量、占有率、车速、行程时间等交通特性、交通事件和拥挤程度信息。除了交通事件、拥挤程度可由人工辅助外，其他信息都需要通过交通检测器自动采集。

通过多种方案结合，实现交通数据采集：

（1）交叉口和路段断面检测，主要通过检测器实现。

（2）有条件时利用浮动车数据。

（3）集成其他已建成系统数据，进行二次数据融合处理。

（4）配合人工座席，通过热线电话或视频监控采集交通数据并录入。

这些数据通过交通服务总线，按照标准的数据格式汇集到公共数据库。采集的信息经融合处理，形成信息服务所需要的数据。

信息融合，又叫数据融合，是指多传感器的数据在一定准则下加以自动分析以完成所需决策和评估而进行的信息处理过程。信息融合技术的最大优势在于它能合理协调多源数据，充分综合有用信息，提高在多变环境中正确决策的能力，而这种优势恰恰在 ITS 领域得到充分发挥。

4. ITS 仿真系统

ITS 仿真系统按照标准的异构系统集成接口，完整实现各异构系统与公共数据库的交互行为，为验证交通系统集成和数据共享提供方便。

ATIS 作为智能交通系统的核心系统之一，可以提供历史数据和实时、预测的信息来支持出行决策的制定。同时，ATIS 试图通过影响出行者个人出行的选择，来缩短其出行时间并提高出行质量。由于实施交通诱导系统需要投入巨额资金，而交通诱导系统在多大的程度上能够改善交通，如何配置才能最大限度发挥其作用，在国内的研究中尚未有定论，迫切需要从理论上解决该问题。ATIS 的有效性取决于出行者对所提供交通信息的反应以及系统提供信息的能力。因此，了解出行者在各种交通信息提供策略下进行决策的过程便显得尤为重要，使用仿真建模方法对出行者在 ATIS 条件下的路径选择行为进行分析，为 ATIS 的配置和开发提供理论支持，是一种效果很理想的分析方法。

5. 动态路径规划系统

动态路径规划系统通过建立路段行程时间预测模型，为用户提供出行路径指导。根据出行者的出发地和目的地，提供所有路径搭配规划方案，并推荐一个最快方案和一个最经济方案供出行者参考。

6. 交通事件采编系统

交通事件采编系统提供道路状况、交通状况、交通事件、天气相关资讯信息的录入、修改、删除以及信息的管理。

当发生交通事故时，交通事件采编系统将迅速完成事故探测和必要控制，以便尽快恢复常规状态下的道路运营。例如，通过环形线圈检测器的车辆突然下降或雷达检测到的汽车速度突然下降，这意味着可能发生事故，管理人员可以利用视频监测系统对这种警告进行可视化确认。如果事故被确定了，系统将会迅速提出补救措施来缓解交通堵塞，如利用高速公路匝道分散流量；使用公路路况广播电台和公路电话查询台来通报交通路况；调节十字交叉口的红绿灯时间；使用可变道路标志信号来疏导车辆等。

7. 运营管理系统

完成运营中心内系统的管理，根据数据中心提供的信息实时更新和发布最新交通信息，并删除过期无效信息。运营管理包括用户管理、监播、计费、结算及统计等内容。

8. 信息发布系统

出行者信息服务以向出行者在出行前和出行途中提供实时交通信息为目标，需要建立用户与交通信息中心之间的通信联系，由后者提供实时交通信息。信息发布系统可分成以下类别：

（1）Internet 主页、电子邮件，即向 Internet 的访问者提供交通信息服务。

（2）区域性的广播系统，如各地的交通广播电台、有线电视频道、交通数据传呼、交通数据广播。

（3）双向的无线通信系统，如基于蜂窝技术的GSM。

（4）局部的路边传输系统，如可变信息板。

（5）路边电话亭、专线电话或信息台，即利用电话系统向出行者提供信息咨询、交通诱导及紧急救助服务等。

第三节　服务内容

ATIS采用单元式模块化建设，各个城市各自建立城市信息模块，然后组织连接成区域性系统。城市信息模块需要建立广泛的、便于使用的公共信息数据库，如地理信息数据库（电子地图）、交通运行数据库、公共交通信息数据库等。以这些数据库为基础，通过有线和无线通信系统，出行者信息系统提供出行前信息服务、行驶中驾驶人信息服务、途中公共交通信息服务、个性化信息服务、路线引导与导航服务等主要功能。

1. 出行前信息服务

利用先进的通信、电子、多媒体、计算机网络等技术，使出行者在出行前可通过多种媒体，在任意出行地访问出行前信息服务系统，以获取出行路径、方式、时间、当前道路交通系统及公共交通系统等相关信息，为规划出行提供决策支持。其针对的用户主体是出行者，包括驾驶人、乘客、行人、非机动车驾驶人、游客等。具体包括出行前公共交通信息、出租车预约服务信息、出行规划服务信息及交通系统当前状态信息四项子服务。

出行前信息服务可使出行者在家里、单位、车内或其他出发地点访问出行前信息服务系统，以获得当前道路交通系统的相关信息，为确定出行路线、出行方式和出发时间提供支持。该服务可随时提供公交时刻表、换乘站点、票价以及合乘匹配等实时信息，以鼓励人们采用公交或合乘出行；还可以包括交通事故、道路施工、绕行线路、个别路段车速、特殊活动安排以及气候条件等信息，出行者可以据此制定出行方式、出行路线和出发时间等。

2. 行驶中驾驶人信息服务

通过视频或音频向驾驶人提供关于出行选择及车辆运行状态的精确信息以及道路情况信息和警告信息，向不熟悉地形的驾驶人提供导向功能。其针对的用户主体为驾驶人。具体包括道路信息、车辆运行状态信息、交通事件信息、停车或换乘选择及智能停车系统信息、交通状况信息、公共交通调度信息、交通法规信息、收费站信息、气象信息和路边服务信息等子服务。

（1）道路信息包括道路几何信息和路面状况信息。道路几何信息主要有预先向驾驶人提供的收费站、交叉口、隧道、纵坡、路宽、道路养护施工等前方道路几何构造情报。提供的方式可以是视觉（如车载液晶显示屏）的，也可以是听觉（如路侧广播系统）的。使用了这种信息可以较大地提高行车安全性。路面状况信息是路面破损（如功能性破坏或结构性破坏）、潮湿、积雪、冻结等路面状况信息，检测并采集后通过路侧信息发布设备实时向驾驶人提供，有效地保障了道路交通安全。

（2）交通信息包括路网交通拥挤信息、交通事故信息、平均车速与行程时间等动态信息，以及警告信息，包括冰雪风霜等气象信息和特殊事件信息。这些信息可以帮助在途驾驶人顺利地到达终点。

3. 途中公共交通信息服务

利用先进的电子、通信、多媒体和网络技术，使已经开始的出行公共交通用户在路边、公交车站或公交车辆上，通过多种方式获取实时公交出行服务信息，以便乘客在出行中能够对其出行路线、方式和时间进行选择和修正。其针对的用户主体为乘客，具体包括换乘信息、车辆运行信息、调度信息和票价信息四项子服务。

4. 个性化信息服务

通过多种媒体以及个人便携装置接收个性化信息和访问个性化信息服务系统，以获取与出行有关的社会纵横服务及设施的信息，此类信息包括餐饮服务、智能停车系统、汽车修理厂、医院、警察局等的地址、营业或办公时间等。其针对的用户主体为出行者，包括乘客、行人、非机动车驾驶人、游客等。具体包括公共服务设施信息、公共服务预订和旅游景点信息三项子服务。

5. 路线引导及导航服务

这是出行者信息系统提供的比较高级的服务方式，它利用先进的信息采集、处理和发布技术为驾驶人提供实时交通信息，引导其行驶在最佳路径上，以减少车辆在路网中的滞留时间，从而达到缓解交通压力、减少交通阻塞和延误的目的，并通过实时的路线优化和路线诱导达到减少车辆在途时间的目的。其中，路线优化是按驾驶人、出行者和商业车辆管理者等用户的特定需要确定最佳行驶路线的过程，用户的特定需要包括路程最短、时间最短、费用最少等；而路线诱导是指运用多种方式将路线优化结果告知用户的过程，路线引导的方式包括语音、文字、简单图形和电子地图等。其用户主体是驾驶人，具体包括自主导航、动态路径诱导和混合模式路径诱导三项子服务。

6. 合乘匹配与预订服务

合乘匹配和预订服务是一种特定类型的信息服务，出行者/驾驶人提出合乘请求后，由管理中心选择最合理的匹配对象并通知用户双方或多方。这项服务可以提高车辆的实载率、降低出行总费用和道路拥挤程度。

项目实施

一、项目背景

北京市在公共汽车、地铁、高速公路运营管理、长途客运、出租车等交通领域的信息化和智能化步伐已经迈出，并呈现出加速发展的良好态势。在这些领域中先后建成并应用的系统主要有公交运营指挥调度系统、公交网站、公交服务热线、电子站牌和车内滚动显示屏、地铁运营指挥调度系统、高速公路监控中心、省际客运联网售票系统、出租车 GPS 和卫星定位系统等。另外，北京市的交通调频广播、数字北京信息亭和位于环线和高速公路的可变信息板都具有较广的覆盖性和利用性。这些系统将根据需要为北京市公众出行交通信息服务系统的建设提供信息接入和发布的基础。

二、系统物理结构

北京市公众出行交通信息服务系统的物理构成如图8-5所示。北京公众出行信息系统具备城市信息模块的一般特征,兼具信息集成和信息发布的功能。信息集成包括公众交通信息采集子系统、公众交通信息处理子系统和公众交通信息发布子系统。信息采集子系统将执法总队、运输局、路政局、交通委、交管局、信息办、长途客运站联网售票中心、交通运输部信息中心、公交总公司、高速公路监控中心、轨道运营公司和普通公路检测器提供的静态及动态交通资讯,通过通信链路传送到数据库,由各种服务器计算处理,规整信息类型及信息等级,将重要信息重点发布。

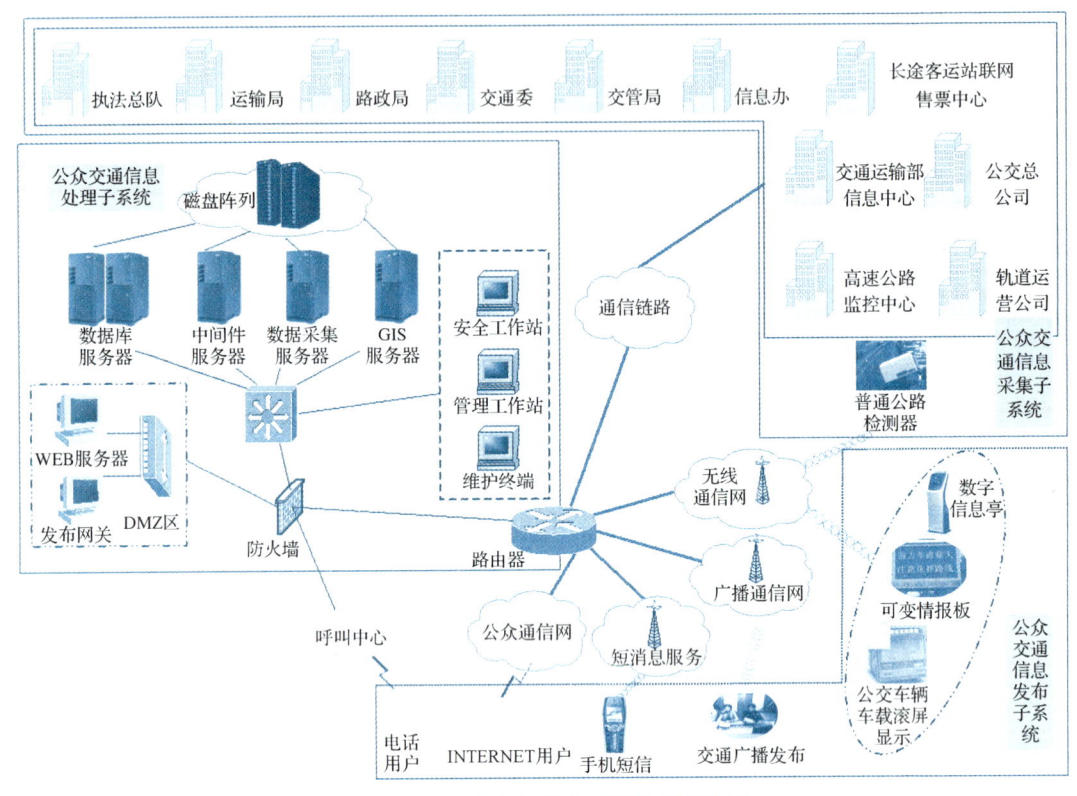

图8-5 公众出行信息系统物理结构图

大众信息端提供天气、旅游、商贸、货运及供给需求信息。现代电子技术发展水平为复杂的数据融合和加工处理提供了技术支持,各种运算服务器将大量数据处理规整,送至Web服务器和公众交通信息发布子系统。无线通信网覆盖数字信息亭、可变信息板、公交车辆车载滚屏显示等装置,并为公路检测器提供数据参考。广播通信网主要以交通广播形式向在程驾驶人提供实时路况信息,提请驾乘人员注意。短消息服务为用户提供交通定制服务、应急交通咨询等。公众通信网提供网上在线查询交通、天气资讯及地图信息等服务,涵盖信息量大,是信息发布最主要的方式。呼叫中心向用户提供声讯服务。

三、系统的建设体系

北京市公众出行交通信息服务系统的建设体系如图 8-6 所示。

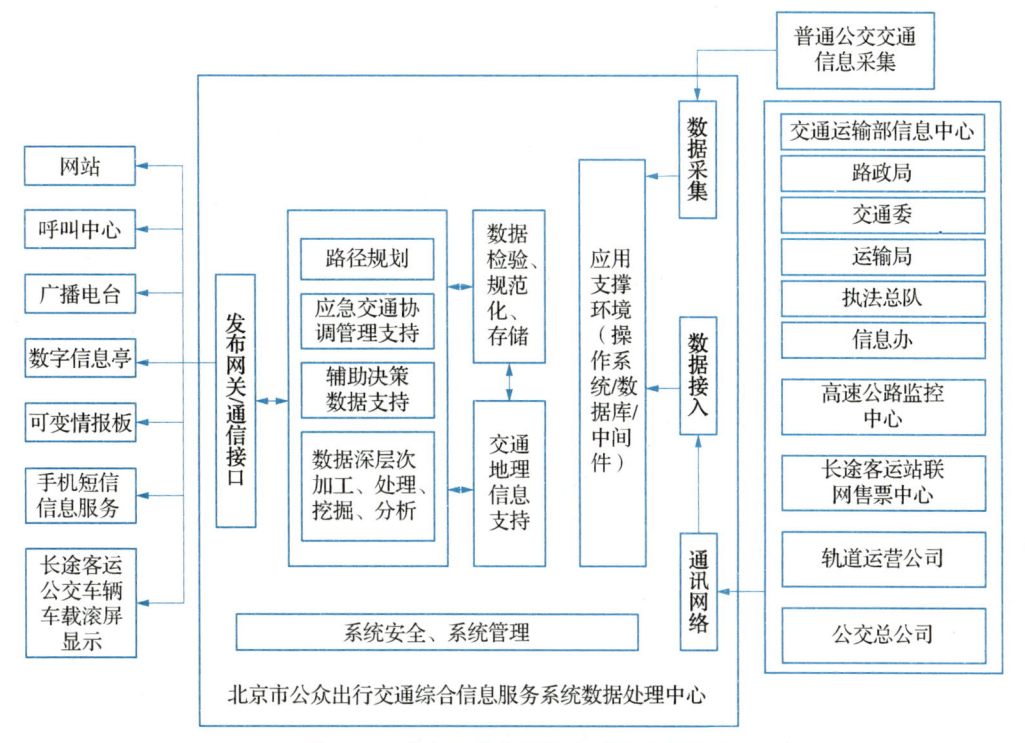

图 8-6 北京公众出行信息系统建设体系

北京市公众出行交通信息服务系统的建设体系内容为（主要在示范工程阶段）：在选定的示范工程实施区域——北京市市域范围内的干线道路网（含高速公路、主要公路、快速路、城市主干道），在现有交通动态信息采集设施的基础上，并在具有示范性的主要公路上布设交通信息采集设施进行交通数据采集；在充分利用现有通信网络资源的基础上，建设北京市公众出行交通综合信息服务系统数据通信网络，实现北京市各相关政府部门及交通运输运营企业与示范工程数据处理中心的联通，以及示范工程数据处理中心与交通运输部信息中心的联通；建设公众出行交通综合信息服务数据处理平台，接入不同来源的交通运输数据，实现多源交通数据的融合、加工、处理，生成满足公众需要的信息；充分利用现有的交通信息发布方式，进一步整合、建设、完善，通过网站、呼叫中心、手机、广播电台、可变信息板、数字信息亭、公交车辆车载滚屏显示等多种方式，为公众提供含交通动态路况信息、交通事件信息、道路施工信息、客运（含长途客运、城市公交、轨道交通）信息（含票务、站务、换乘、线路等信息）、气象信息及铁路、民航等其他运输方式信息等在内的出行交通综合信息服务。

四、北京公交 App

北京公交 App 是由北京公共交通控股有限公司和启迪公交科技股份有限公司联合发布的一款北京智慧公共出行手机软件。其服务内容如图 8-7 所示，为了提升行业管理和服务水平,为公众提供动态和综合性交通信息服务,方便老百姓出行,交通运输部于 2004 年起开始建设省级公路交通信息资源整合工程、区域性道路客运综合信息服务系统和公众出行交通信息服务系统三项交通信息化示范工程。

公交线路　地铁线路　车站查询　实时公交　高德指路

定制公交　乘车通告　失物招领　夜班公交　乘车优惠

附近实时公交

开启定位查看实时公交　　去开启

图 8-7　北京公交 App 服务内容

该 App 覆盖了北京公交集团旗下 1200 余条常规线路的 2 万余部公交车,为公众提供了动态公共交通信息、交通基础设施信息、路线导航、旅游指南及出行信息发布等服务。该 App 具备二维码刷码乘车、公共交通线路信息查询、车站查询、实时公交、定制公交等服务,配合其内嵌的高德地图导航服务,可实时提供快速、直观的北京道路交通和公共交通状况查询服务,公众可据此选择出行线路和出行方式,避开拥堵路段,提升出行效率。针对不同类型的出行用户需求,该 App 提供了巴士、城市轨道交通的路线和站点查询服务,通过实时公交功能帮助用户即时规划出行路线,并可以直接通过该 App 的支付二维码刷码快速乘车;针对外地游客的旅游出行指南功能,提供旅游景点的介绍、路线导航和电子票务服务平台;另外还设有夜班公交、定制公交、失物招领等功能,较为全面地考虑到用户在出行过程中可能遇到的特殊情况;该 App 内嵌了高德地图导航功能,可以在不切换 App 的情况下使用高德地图常用的导航功能,如起讫点路线查询、立交桥、复杂路段行车指示等。

该 App 提供的路线导航、公共乘车、实时公交等服务可将交通信息即时发布至用户,可有效提升城市交通资源的使用效率,根据发达国家已有的经验,交通信息及时发布后,北京路网利用率可提高 10% 左右。

课后测评

一、单项选择题

1. 出行者信息系统的英文简称是(　　)。
   A. TGS　　　　　B. ATMS　　　　　C. GIS　　　　　D. ATIS
2. 对于出行者信息系统各组成部分的表述,正确的是(　　)。
   A. 交通服务总线是指系统对外的服务热线
   B. ITS仿真系统可以改变出行者的选择行为
   C. 动态路径规划方案仅提供一个方案做推荐
   D. 信息发布系统可通过互联网、广播等形式发布出行信息
3. 关于出行者信息系统的目标表述错误的是(　　)。
   A. 为了不加剧交通恶化,要稳定延误和行程时间
   B. 减少出行者个体的出行时间和延误
   C. 缓解出行者在陌生地区出行的压力
   D. 降低交通系统总成本

二、多项选择题

1. ITS仿真系统在ATIS中的作用是(　　)。
   A. 验证系统集成　　　　　　　　　　B. 验证数据共享
   C. 提供历史数据和实时、预测的信息　　D. 影响出行者个人出行选择

三、简答题

1. 先进的出行者信息系统概念是什么?
2. ATIS的工作原理是什么?
3. 出行者信息服务系统的组成与功能有哪些?

智能公共交通

项目九

项目描述

公共交通系统由道路、交通工具、站点设施等物理要素构成。广义而言,公共运输包括民航、铁路、公路、水运等交通方式;狭义的公共交通是指城市范围内定线运营的公共汽车及轨道交通、渡轮、索道等交通方式。在传统公交系统建设模式下存在公交服务水平低的问题,例如公交出行速度慢、舒适性差、换乘困难等方面。要改善上述问题,智能公共交通系统是实现"公交优先"的最有效的途径之一。乌鲁木齐市在原有公交系统的基础上建设了智能公共交通系统,让我们一起分析一下这个项目。

学习目标

1. 掌握智能公共交通系统的组成;
2. 掌握公共交通信息系统的需求和应用;
3. 掌握监控与调度子系统的功能和组成;
4. 掌握公交优先系统和 BRT 系统的组成和机理;
5. 掌握 BRT 系统的框架结构和应用模式。

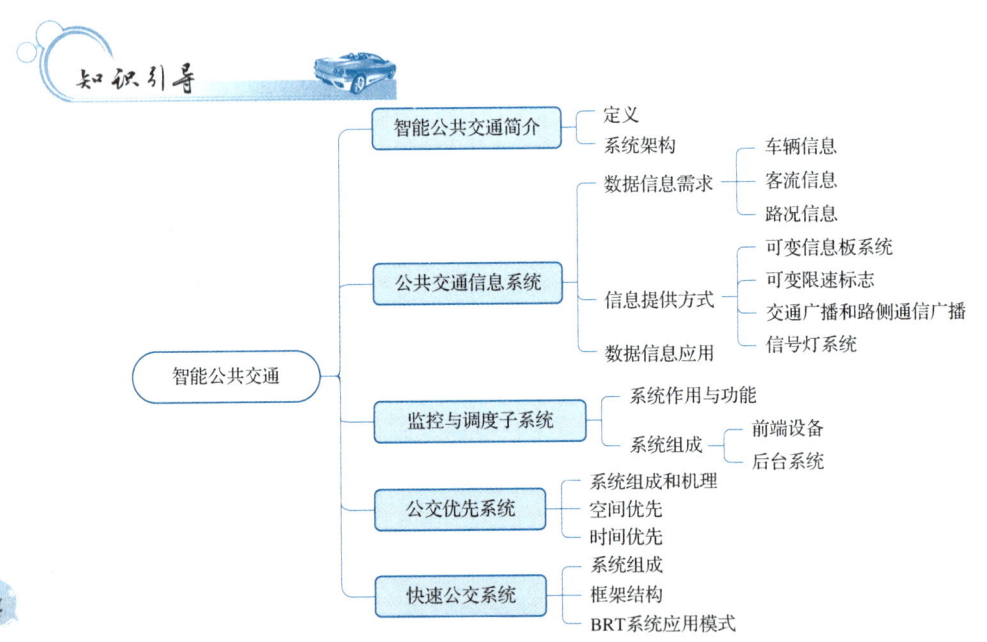

知识引导

智能公共交通
- 智能公共交通简介
  - 定义
  - 系统架构
- 公共交通信息系统
  - 数据信息需求
    - 车辆信息
    - 客流信息
    - 路况信息
  - 信息提供方式
    - 可变信息板系统
    - 可变限速标志
    - 交通广播和路侧通信广播
    - 信号灯系统
  - 数据信息应用
- 监控与调度子系统
  - 系统作用与功能
  - 系统组成
    - 前端设备
    - 后台系统
- 公交优先系统
  - 系统组成和机理
  - 空间优先
  - 时间优先
- 快速公交系统
  - 系统组成
  - 框架结构
  - BRT系统应用模式

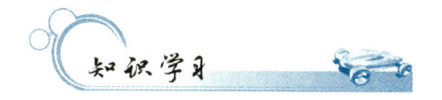

第一节　智能公共交通简介

随着国民经济的飞速发展,城市人口日益膨胀,机动车辆急剧增加,城市交通运输的压力越来越大。

城市智能公共交通管理系统是在对公交系统优化的基础上,综合应用 GPS 技术、GIS 及地图匹配技术、嵌入式系统开发技术、计算机网络技术、大型数据库技术、无线通信技术、电子技术、IC 卡技术等先进技术,结合公交优化调度、公交运营优化与评价、交通流诱导等数据模型和理论的系统集成,基于实时信息获取与交互,形成集实时监控、智能化调度、信息服务于一体的先进的公共交通管理系统,提高城市的整体形象和公共交通的整体服务水平。

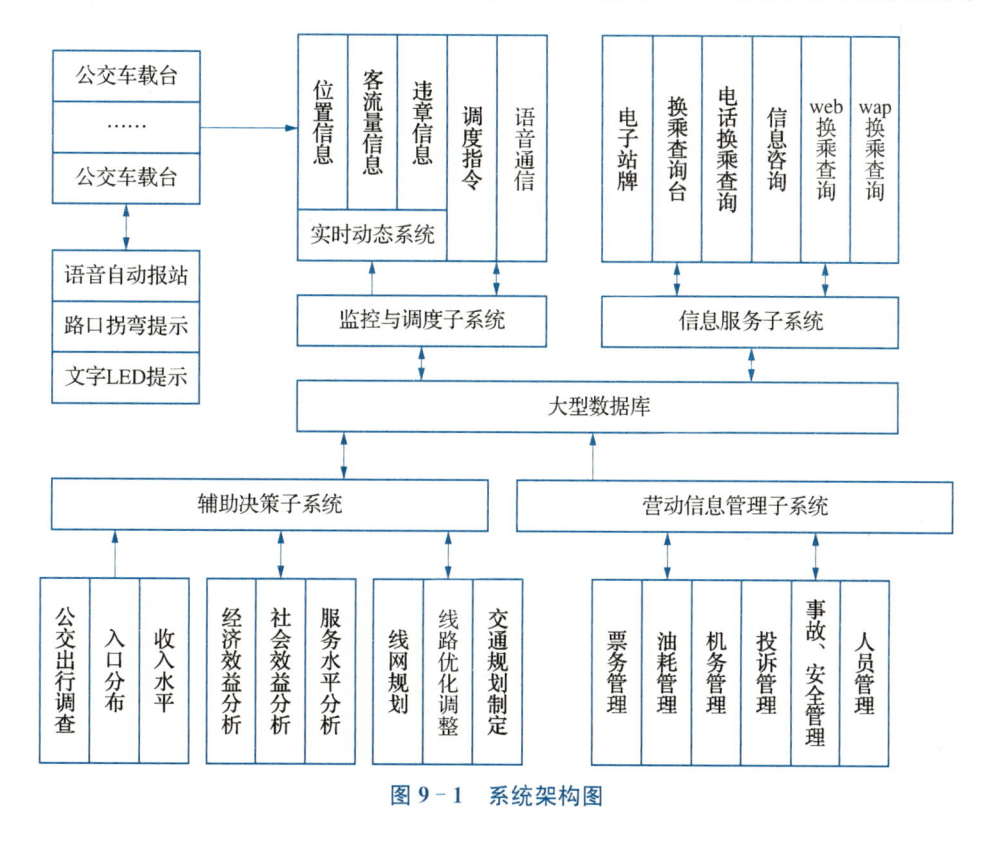

图 9-1　系统架构图

1. 监控与调度子系统

该子系统由车载台、无线通信服务器、监控调度中心等几部分组成,通过车载台实现 GPS 位置、行车违章数据(通过数据采集仪,相当于通常所说的"黑匣子")、客流量等数据采集,通过 GPRS/CDMA 无线通信发送到监控调度中心,实时刷新车辆位置,存储车辆违章信息,实现监控调度中心与司机的文字和语音通信,保证车辆的准点到达。

2. 信息服务子系统

该子系统主要表现为电子站牌、换乘查询台以及公众公交换乘查询系统，如 Web、电话、手机 WAP 等。在电子站牌上实时发布下一辆车的到达时间，通过在车站的换乘查询台或公交换乘查询系统，根据起讫位置和服务要求查询出行路线、换乘点、票价等信息，以及对公众提供高质量的信息咨询服务。

3. 营运信息管理子系统

基于 IC 卡，对票务、油耗、机务、投诉、事故、行车安全、人员等信息进行单人、单车的量化管理，然后再按照线路、车队、公司进行统计分析，包括对车辆、线路、车队、分公司、公司等各个层次的经济效益、社会效益、服务水平的统计、评比。

4. 辅助决策子系统

在对客流量统计、公交出行调查、人日分布、收入水平、公交线网布局、站点布置、发车间隔、票价制定、营运状况等信息进行综合管理的基础上，为管理者提供实时系统状态查询、历史数据分析服务，进行公司经济效益、社会效益、服务水平的综合分析，为公司的发展、改革提供支持；同时在 GIS 平台上为线网规划、线路优化调整以及制定交通发展政策及规划的宏观信息分析提供辅助决策支持。

第二节　公共交通信息系统

公共交通信息系统主要面向乘客提供交通信息。通过安装在公共服务区的信息查询装置或者电子信息牌提供实时信息，包括公交拥挤程度、公共车辆到站时空信息、换乘信息以及停车状况等。

公共交通信息系统利用先进的信息和通信技术，动态实时地采集公交车辆的营运信息、行驶状态信息以及道路交通状态信息，经过处理后向乘客提供，有助于乘客出行、换乘的选择，提升方便程度，极大地提高了公共交通系统的吸引力，进而减少城市的交通拥堵情况。

一、数据信息需求

智能公共交通系统所涉及的基础数据包括车辆信息、客流信息、路况信息等。

1. 车辆信息

车辆信息是公共交通的重要组成部分，是整个公共交通系统的最终执行设备。车辆信息又可分为车辆静态信息、车辆动态信息和车辆自身运行信息等。在系统中，车辆的动态信息尤为重要。

（1）车辆静态信息。包括线路车辆数、车辆载客定员等，这些信息由调度管理人员录入系统数据库内，并根据变化实时更新，是调度系统的基础数据。

（2）车辆动态信息。包括车辆实时位置信息、速度信息、每辆车到达各站点的时间、每辆车离开各站点的时间、站间运行时间、站点滞留时间等数据。车辆的动态信息还包括车辆的运行状态，比如，公交汽车在运营中是否故障，这些情况都要及时地反馈给调度中心，以应对一些突发情况，采取有效措施。

2. 客流信息

客流是公共交通的服务对象，其在空间和时间上的分布特征将对城市公共交通产生决定性的影响。要想获得其分布特性，客流检测必不可少。客流检测可分两个部分进行：公交汽车车体客流检测以及各站点客流检测。

公交汽车车体客流检测主要采集车辆在各个站点的上车乘客人数、下车乘客人数以及车上的乘客数，从而获得各个时刻车辆的满载率。满载率是城市公共交通的一个重要参数，它不仅是公交调度的重要依据，也是反映公交公司运营状况的重要依据。另外，站点的等车人数对调度系统有很大的指导意义，在一定程度上会增加整个调度系统的响应时间。

3. 路况信息

现在城市交通的状况非常复杂，路况信息也是很大的影响因素之一。路况信息包括路阻、施工、事故、封路、天气情况等。堵车、事故等情况时有发生，且难以预见，这将给公交调度系统正常运行带来干扰。为了提高调度系统的稳定性和抗干扰能力，路况信息也要及时检测并传给调度中心。

二、信息提供方式

信息系统主要是向出行者提供交通信息、发布命令或建议向驾驶人提供建议路径。早期的信息提供系统是静态的，如固定式交通标志牌、路面标线等。随着技术的发展，为了实现动态管理控制，可利用计算机控制的、可远距离操纵的各种动态信息提供系统。

1. 可变信息板系统

可变道路信息板在公路上专供控制中心为出行者提供交通警示、交通管制等实时情报，特别适于使用这种标志的有以下情况：(1) 偶发性事件：不可预料的事件或随机事件，如道路维护等引起的交通流中断。(2) 周期性问题：如早晚高峰拥堵交通流。(3) 恶劣的环境：如雾雪等天气变化引起的交通问题。

2. 可变限速标志

根据车辆检测器提供的信息和其他信息，控制中心认定某一路段内车辆拥挤或出现事故，通过中心计算机向设在该路段前方的可变限速标志发出限速指令，限定车辆的最高速度，以避免该路段车辆密度过大和低速交通流的恶性循环。待事故排除后或交通流恢复正常后解除其限制。

3. 交通广播和路侧通信广播

利用汽车收音机收听交通广播比视觉更方便。国外的各交通广播电台一般都有专设的交通信息中心广播节目时间，定时播送高速公路及附近公路的交通情况。现在国内主要用于城市交通广播。

4. 信号灯系统

信号灯系统主要布设在交叉口、隧道入口等，通过交通控制中心，根据需要来调节交通量，其作用是控制路口开闭、诱导车辆。信号灯控制系统是城市的重要基础设施之一。

三、数据信息应用

1. 车辆位置信息在自动报站中的应用

GPS信息可单向传输到车载终端，车载终端对所接收的数据进行分析，处理成经度、纬度,表示为(x_1,y_1),而检测到的行驶中车辆的经纬数据为(x_2,y_2),由于两站之间的距离不会很远,那么车辆与将到站或者刚离站的距离更短,所以在此可以通过两点之间的距离公式计算车辆距站点的距离L,即实际中给出两个基准距离r_1和r_2。当获得定位数据时,判断是否为自动报站,如果是,判断报站状态。如果是"等待播报进站"状态,判断$L \leqslant r_1$时播报进站语音,同时修改状态为"等待播报离站";如果是"等待播报离站"状态,判断$L \geqslant r_2$时播报离站语音,同时修改状态为"等待播报进站",并把站点编码移动到下一站。

2. 车辆位置信息在公交信息服务中的应用

智能公交调度系统可为出行者提供全方位多样化的信息服务。通过互联网、智能电子站牌、车载电子显示屏、手机等信息系统,随时随地向乘客多渠道提供有关路线信息、站点信息、在线车数、某站下班车到达该站的剩余时间等。

由于这些服务信息直接面对乘客,如果显示结果和实际差距很大,会使乘客产生对公交智能化调度系统的不信任感。例如下班车到达该站的剩余时间,其精度在公交智能化调度系统中是一个非常关键的指标,它的计算就要用到车辆的位置信息。具体描述如下:根据上一年或上几年车辆的实际运行情况,分别估算出一年中不同时间段每个站间车辆的运行时间,不同时间段可以根据季节、节假日、每日早中晚等情况进行估计。站间的距离是固定的、可测的,用距离除以时间的方法,可得到一年中不同时段每个站间车辆运行的平均速度v。根据采集到的线上各车辆位置信息,转换成经纬度信息,根据公式计算线上各车辆距离本站的距离,取最短距离L,那么最近一辆车到达该站的剩余时间可用公式$t=L/v$来计算。

3. 客流量、车辆到离站时间等信息在公交优化调度中的应用

公交运营公司需要根据客流的变化、时间条件及其他条件安排不同车型的车辆和行车组织方案。运营的参数主要包括发车间隔、车队规模、车辆维护、车种、人员配置和票价等。另外车队车辆数和车型主要取决于发车间隔,根据客流、交通流信息建立公交线路发车间隔优化模型,从而合理调度车辆是运营工作的重中之重。

公交公司总是希望提供尽量大的发车间隔,以减少其可变成本,而乘客则想获得更快捷的服务,即发车间隔小,以缩短其等车时间。因此,减少公交公司的费用意味着增加乘客的成本。因此目标函数的考虑要兼顾公交公司和乘客双方面的利益。选择目标函数为各站点的满载程度偏差尽量小、各站点车辆的晚点时间尽量短、运行时间尽量短等。其中各站点的满载程度是由各站点的上下车人数所得;各站点车辆的晚点时间由车辆实时检测的停靠站时间与规定到站时间比较而得;运行时间(指车辆运行一圈的时间)可由车辆检测的停靠站时间与站间运行时间之和求得。这样,这些检测信息数据在公交的优化调度中起了应有的作用。

4. 在公交路网优化中的作用

实时检测到的客流量数据,不但是公交优化调度的决定性参数,而且对整个公交路网优化也有着一定的指导作用。根据大量实时检测的线路各站客流信息,车辆到站时乘客下车的概率等实时数据,以及以往的客流调查资料可以推算出乘客的登车站和目的站,以及客流的方向等,即OD矩阵。系统能读取和记录测试线路车辆的到站时间、站点编码、上下车人数、车内人数等明细。依据线路每个站点不同时段的上下车客流形成分析曲线和报表,随时计算某站某时段的客流总量和满载率,统计整条线路的平均乘距、平均乘车站数、最大满载

率等,而这些数据将体现出公交线路布设是否合理、站点布设是否合理、乘客换乘是否方便等,从而指导公交企业对路网进行优化调整。

第三节　监控与调度子系统

一、系统作用与功能

监控与调度子系统,是在对公交系统相关数据进行监控的基础上,实现公交的智能化调度。

从内部讲,改变了原来的调度人员对公交车辆运营信息不清、路况不明、仅凭经验调度的方式,提高了公交运输管理的集约化水平,实现公交车辆的动态监控,降低了车辆运营调度的成本。

从外部讲,以最少的车辆资源完成最大的运力,提高了公交车辆整体运营效率和服务质量,提升了社会效益。监控与调度子系统的功能主要包括以下几个方面:

1. 线路网优化

公交智能化调度系统能够大量分析历史数据,利用线路网优化算法,提出城市的线路网优化方案。实现充分利用现有的城市公交基础设施,使车与车、车与路、车与乘客协调作用,提高公交车辆的营运效率。

2. 行车计划优化

智能公共交通系统能够根据线路的行车计划、具体的一条线路的基本情况、车辆的信息、司乘人员的信息,自动生成每天的配车排班表。常规情况下,系统会按照编排好的计划表控制发车,同时也可以根据现场情况做出实时调整,系统自动记录实际发车情况,实际行车情况又可以作为行车计划调整修改的参考数据,使得行车计划越来越合理。同时提供考勤表的历史查询功能以作比较,为调度员进行常规和现场调度提供参照依据。

3. 行车模拟

基于行车计划和线路网优化,智能公交系统提供行车模拟,仿真在新的线路网情况下,每个线路的车辆运行情况,测算出包括车辆载客率、满载率等20多种评价指标,为公司决策提供数据依据。

4. 实时监控调度

控制中心调度、监控、指挥子系统实现调度员对行驶中车辆驾驶员的现场调度、实时监控功能,该系统能够接收车辆定位数据,完成车辆信息的地图映射。其功能包括地理信息和数据信息的输入输出、地图的显示和编辑、车辆道路等信息空间数据查询、GPS定位数据的接收和处理、GPS数据的地图匹配、车辆状态信息的处理显示、发车预报、公交车实时监控、意外情况的报警处理以及车辆运行数据的保存及管理等(如图9-2)。

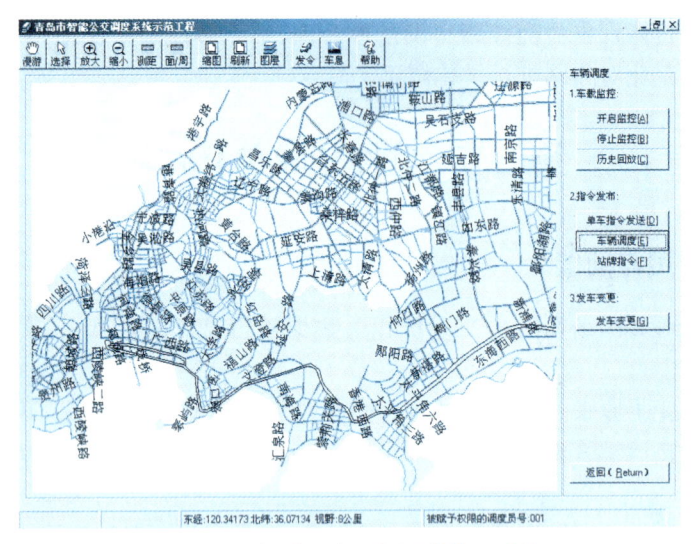

图 9-2　智能公交三级调度管理系统

二、系统组成

1. 前端设备

（1）车载机

车载机安装在公交车上。车载机的 GPS 定位数据和车载系统的其他数据（包括收费数据、烟度、平稳度、客流等）发送到数据通信服务子系统、数据通信子系统，进行实时的运算和判断以及存储。司机发送的信息通过数据通信服务子系统发送到调度系统，调度信息通过数据通信子系统发送给车载机。

（2）电子站牌

数据通信服务子系统通过实时获得的车载终端信息，计算车辆位置和车辆即将到站时间，并发送到站牌，提供站牌显示。同时通过手动或自动方式，向电子站牌的显示设备发送车辆到站信息、天气信息、时间信息、道路信息、公益信息等。也可以根据业务需求，发送一些广告信息，并可以实现自动计费（如图 9-3）。

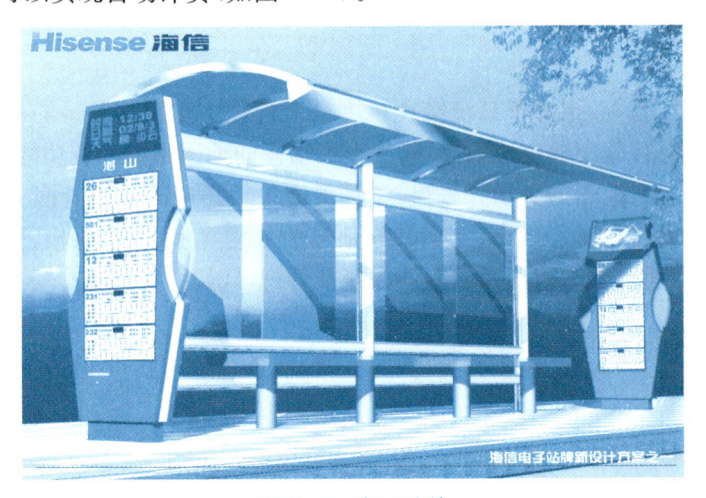

图 9-3　电子站牌

（3）触摸屏

除电子站牌外，停靠站/路边乘客也可通过触摸屏查询车辆到站信息、换乘信息等。

2. 后台系统

（1）出行前信息系统

出行前信息系统是提高公交方式出行可靠性的有效途径，同时也是引导交通需求均衡分布的有效手段。在乘客出行前为其提供准确和及时的信息，使乘客可以根据这些信息进行决策，选择出行路线和出行时间。出行前信息涵盖广泛，包括了公交路线、地图、发车时间表、票价、停车换乘站的位置、线路实载率情况、途经重要地点和天气状况等各种信息，帮助查询者确定最满意的出行计划。

（2）停靠站/路边公交信息系统

停靠站/路边乘客信息系统通过电子站牌、触摸屏等媒介为公交方式出行乘客提供信息，包括实时车辆到离信息、预到站信息、车辆实载率信息，也包括传统的静态服务信息。

（3）网管子系统

智能公共交通信息网络设备种类多，接入方式复杂多样，所以需要提供功能完善的网管系统支持，方便维护，以及了解系统的实时运行状况。网管系统是智能公交系统的保障。

第四节　公交优先系统

公交优先技术的作用：一方面，确保公交专用车道不被其他非公交车占用，保证其调度运行的准时性；另一方面，在信号交叉口可以确保公交车或轨道交通优先通行。

为确保交通整体顺畅，可有选择地实施公交优先，例如，仅对偏离计划时间的公交车辆或特殊线路（如快线）实行优先。

一、系统组成和机理

系统由检测设备传感器、交通控制中心、显示设备组成。在公交专用车道上，悬挂有普通车辆感应器，当普通车辆运行在公交专用通道时，调度中心接收到信息，将在警告板显示"公交专用车道禁止通行"的警告。

在路口，调度中心和交通控制中心配合，施行公交车辆优先运行。调度中心根据车辆的速度和车辆运行的时间，以及在ITS中心查询到的下一个路口红灯时间，建议车辆运行速度，可以连续通过几个交叉口的绿灯。如果不能通过，而公交车有误点可能，调度中心可以向交通信号中心申请公交优先信号（如图9-4）。

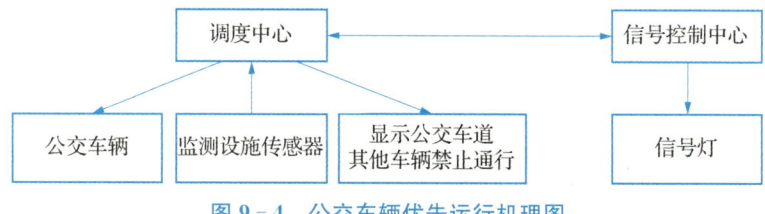

图9-4　公交车辆优先运行机理图

二、空间优先

1. 公交专用车道

公交车辆专用车道分为顺向式和对向式两种。顺向式是指在一种专为公交车开辟的车道上,公交车运行的方向与其他车辆运行的方向一致,而对向式是允许公交车的运行方向与其他车辆的运行方向相反。

公交车专用道是车行道的一部分,为了同其他车辆分离,常采用路面交通标示的方法(如图9-5),或在对向式公交专用车道上采用实物分隔的方法,使这种公交专用车道与其他车道严格分离开来。通过设置公交专用车道可以提高公交车的运行速度,提高出行效率。

图9-5 公交专用车道

2. 交叉口公交专用进口道

交叉口优先设计是为了协调交通流,降低公交车辆在交叉口的延误以及公交优先对社会车辆通行效益的影响。设公交车专用进口道是指在交叉口进口道中设置一条或若干条专门供公交车行驶的车道,设置交叉口公交专用进口道是提高交叉口通过率,减少公交车交叉口延误的主要措施。

3. 转弯优先

在某些交通拥挤的交叉口上,有禁止车辆左转的规定,但对公交车可不受此限制,或者可设置公交车左(右)转弯专用线。此外,在单向交通道路上允许公交车双向行驶,在有些市中心区域的商业用地的道路上,只能允许公交车行驶,禁止其他车辆进入;某些国家的城市道路,靠近路边可以停车,但公交行驶的线路不允许停车。

三、时间优先

时间优先主要是交通信号的优先控制,交通信号的优先控制可提高公交车的运行效率,降低公交车在交叉口的延误。公交优先控制策略主要分为被动优先和主动优先。

1. 被动优先

被动优先主要是在不设车辆检测器的情况下,通过收集公交车辆运行的历史数据(公交线路、乘客数、公交需求、公交运行时刻表、线路运行时间等),以预测需要的优先等级,预先进行交叉口的信号配时。主要是在制定基本控制方案时兼顾公交车的运行情况,通过相位相序方案、最佳周期、初始绿信比和离线协调方案的确定,满足以公交车流总体为对象的优先通行。

2. 主动优先

主动优先主要是依靠检测器对公交车辆运行情况进行识别分析,当检测到公交车辆即将到达交叉口,采取延长、提前、增加或跳跃相位实时调整交叉口信号控制方案,从而实现公交车辆的优先通行。

常见的控制策略包括:延长绿灯时间、绿灯提前启亮、改变信号配时等。

第五节　快速公交系统

快速公交系统(Bus Rapid Transit,BRT),是一种大运量交通方式,通常也被称为"地面上的地铁系统"。它是利用现代化公交技术配合智能交通和运营管理,开辟公交专用道路和建造新式公交车站,实现轨道交通模式的运营服务,达到轻轨服务水准的一种独特的城市客运系统。

一、系统组成

1. 车辆

快速公交系统的营运车辆采用的是经过先进技术改良的公交车辆,其独特的外形设计充分展现出快速公交的先进性、现代化。车辆的地板是结合站台设置,采用多门上下、水平上车,大大提高了乘客上下车的效率。另外在客流量较大的快速公交走廊选用大容量铰接车辆可提高整个系统的运送能力,同时也降低了系统的运营成本。在环保方面,快速公交车辆都符合环境标准,有效地降低了沿线的交通污染排放。

2. 枢纽车站

快速公交系统的车站与枢纽设施应充分体现快速公交系统的交通功能以及与城市土地利用相结合的功能。交通功能主要体现在能为乘坐快速公交的乘客提供上下客并能够做到集中换乘,尽量减少乘客的换乘距离和换乘时间。另外,快速公交系统的车站采用岛式站台,在站台上设置收费系统、信息管理服务系统等,这不仅方便乘客了解公交运营的实时情况,也节约了乘客的上车时间。

3. 道路空间

设置全时段、全封闭、形式多样的公交专用道,为快速公交车辆运行开辟专用路权,既保证了系统运营的速度,又避免了与社会车辆混行带来的安全隐患,降低了公交车辆发生交通事故的概率。

4. 线路与乘客服务

线路规划是建设快速公交系统的关键环节和重要内容,而为乘客提供高品质的公交服务是快速公交系统建设的最终目的。采用直达线、大站快运、常规线、区间线和支线等灵活的运营组织方式可更好地满足乘客的出行需求。快速公交不可能像常规公交那样为乘客提供点对点的服务,乘客需通过其他的交通方式从出发地到达快速公交车站或是从快速公交车站到达目的地,这就要求快速公交车站具备完善的导乘系统设施以及提供便捷的换乘服务。

5. 运营管理保障体系

运营组织机构和运营保障设施共同构成了快速公交系统的运营保障体系,即形成智能化的运营管理系统。运用自动车辆定位、GPS自动报站、实时营运信息、交通信号优先、先进车辆调度,提高快速公交的营运水平。

6. 收费系统

BRT 的收费大多采用站内收费,即在公交枢纽或公交车站内设置收费系统设施完成收费,这种形式提高了乘客上下车速度、系统的运营能力和效率。

二、框架结构(如图 9-6)

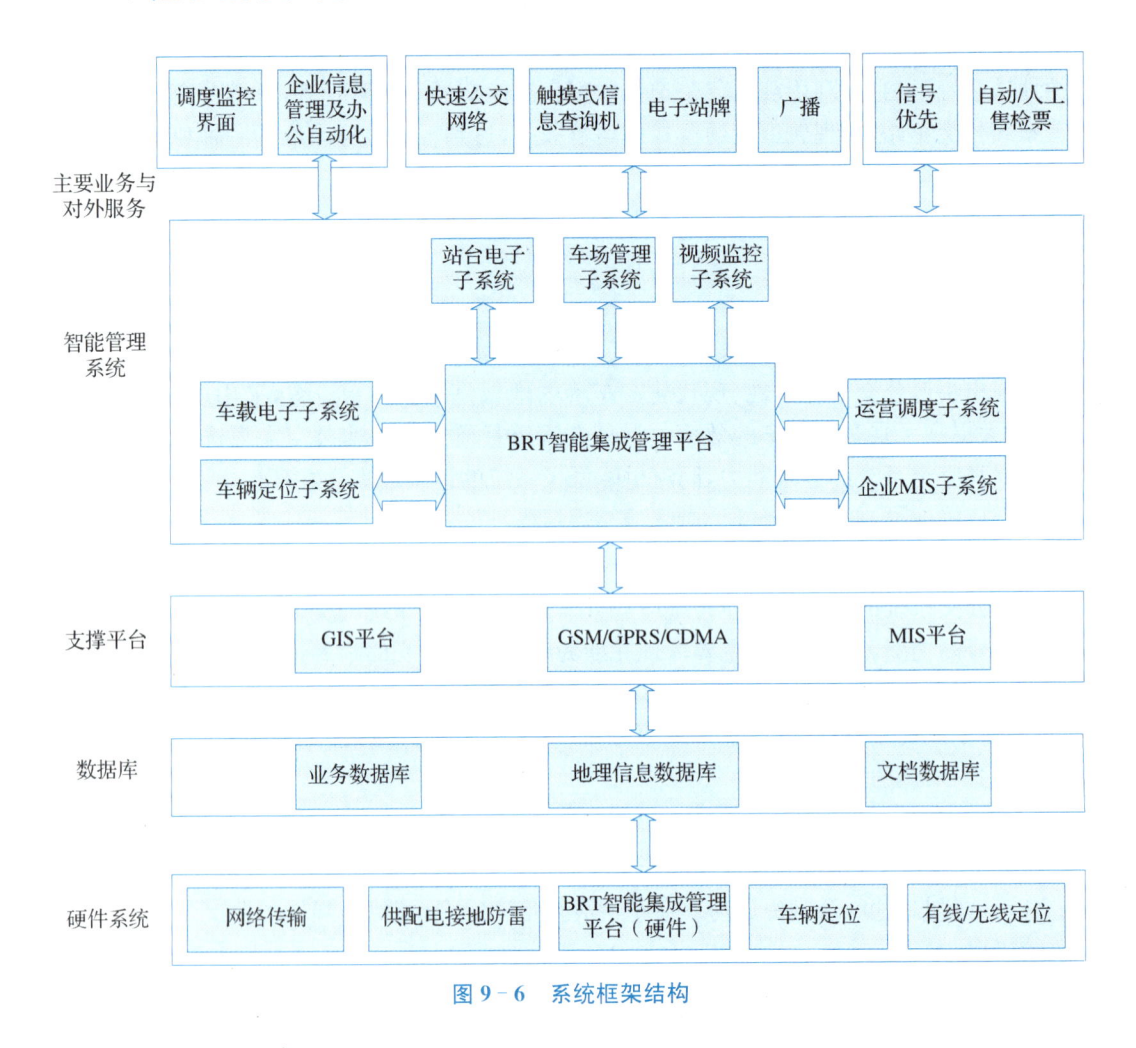

图 9-6 系统框架结构

1. 网络传输子系统

网络传输子系统的作用是在站台、智能停车系统、调度中心之间传输监控图像、运营管理和信息服务数据。通过在专用道沿线建设专用通信网络或租用公网,以各种通信方式(无线/有线)连接各站台、智能停车系统和调度中心。

2. 运营调度子系统

运营调度子系统的主要功能包括:① 运营计划编制和修改;② 车辆和劳动排班计划编制和修改;③ 司售人员签到和查班;④ 计算机辅助实时调度;⑤ 发布调度信息;⑥ 运营数据统计、分析、反馈等。

3. 车辆定位子系统、车载电子子系统

公交车辆是公共交通系统的重要组成部分,运营调度的主要对象就是运营车辆,实时掌握车辆、线路运行情况,及时与运营车辆交换信息,是智能运营调度不可或缺的需求。采用车辆自动定位(Automatic Vehicle Location,AVL)技术、移动通信技术、车辆自动识别(Automatic Vehicle Identification,AVI)技术、数据库(Database)技术及地理信息系统(Geographic Information System,GIS)技术,对运营车辆进行实时定位监控和信息沟通,为智能调度提供实时、准确的车辆和线路运行信息。

4. 站台电子子系统

站台电子子系统主要功能包括:① 电子售检票及票务管理;② 站务管理及紧急事件处理;③ 乘客信息服务;④ 车辆精确进站导航及站台屏蔽门控制。

5. 智能停车系统管理子系统

智能停车系统管理的功能在于协助运营调度管理系统,智能停车系统管理系统应能够对车辆和人员信息进行管理,并对其进行调度,实现高效有序的停车管理。

6. 信号优先控制子系统

通过为快速公交车辆提供优先通行信号对其实现"信号优先",使快速公交车辆通过道路交叉口时享有更大的通行权,以提高系统运行的可靠性和准时性。

7. 场站视频监控子系统

场站视频监控子系统能够使调度中心及时掌握车站、智能停车系统、线路运行情况,并能够提供乘客集散、现场运营秩序及现场治安状况等图像信息。

8. 企业管理信息子系统

快速公交企业管理信息系统(Management Information System,MIS)与智能系统的其他子系统紧密结合,实现信息流共享,业务流程化,资金流的有效运转,并向其他子系统提供数据存储与统计分析、辅助决策支持等管理信息服务。

9. 智能集成管理平台

智能集成管理平台不仅要提供包括信息管理、数据管理等整个智能系统的基础功能,还要实现对其他系统的集中管理,包括电子站牌的显示、有线广播的播放、触摸式查询机的信息查询、快速公交网站维护更新等。

三、BRT 系统应用模式

BRT 在不同国家的应用模式是不同,根据中国发展详情及地理特点,BRT 系统在中国的应用模式及其适应条件总结如表 9-1 所示。

表 9-1 各种模式 BRT 的适应条件

应用模式选择	适应条件
与轨道交通混合使用	大城市中心区建设轨道交通，其他分区采用 BRT，共同组成城市快速公交网络，承担城市居民日常出行需求
作为轨道交通的过渡	在经济条件受限制的城市，财政不足以承担建设轨道交通时，可以采用 BRT 作为地面常规公交与轨道交通的过渡方式
作为轨道交通的延伸	大城市外围区、城市新区、郊区和其他卫星城镇或者是开发区，道路条件良好，可以实现完整意义上的 BRT 系统
独立使用	中小城市或者是独立开发区的客流走廊上，且道路条件允许

项目实施

一、项目背景

乌鲁木齐市公共交通集团有限公司始建于 1953 年，历经 70 余年的发展，现在有运营线路 138 条（常规公交线路 110 条、大站快线 4 条、直达专线 1 条、社区巴士 11 条、城乡公交 10 条、通勤 2 条），各类营运车辆 4423 辆。集团公司下辖 6 个营运服务主营经营部（公司）和 7 个基层单位，是大型国有全资城市公交企业。目前，从业人员近万人，年客运量达 6 亿余人次。

乌鲁木齐是交通运输部首批"公交都市"示范城市之一，乌鲁木齐公交集团还荣获全国城市公共交通"十佳先进企业"称号，其作为国家安全生产标准化一级达标企业，曾连续 5 年被乌鲁木齐市委、市政府评为安全生产先进单位。在传统公交系统建设模式下存在公交服务水平低的问题，例如公交出行速度慢、舒适性差、换乘困难等。乌鲁木齐市为了改善传统公交存在的问题，建设了智能公共交通系统。

二、建设思路与成效

1. 引入先进技术，打造 GPS 智能调度数据平台

乌鲁木齐公交智能信息平台历经两个阶段的建设和技术升级：选用国际前沿的超大型数据库技术，引入云计算、大数据概念；采用第 5 代高精度 GPS 快速定位芯片和为城市远期扩增公交车（满足 7000 辆以上）搭建的动态集群服务器等技术，这些都为乌鲁木齐"智能交通""智慧城市"和"公交安全体系"建设形成了良好的基础准备，也标志着乌鲁木齐公交的智能信息化建设工作正在向行业先进系统和领先技术积极看齐。

2018 年全年平台对运营调度安全类数据处理量达 34.2 亿条。

2. 积极运用智能科技，实施"三级调度管理"，提升线路调度手段和公交应急指挥能力

目前，乌鲁木齐国有公交 100% 的运营车辆全部安装了先进的 GPS 智能车载设备和车内视频监控设备。借助科技，通过创新，乌鲁木齐公交实施了"三级调度指挥"管理模式。运营全过程的"可视化"使得各级调度可以充分利用系统对所辖线路车辆高效下达调度指令、科学调配运力、调整车距、纠正安全违规、开展灵活调度。尤其在遇重大突发事件时，道路严

重拥堵,"可视化"监控平台会直接成为公交应急指挥中心,为企业和政府部门的应急决策指挥提供有力支持,最大限度保障乘客的安全。同时在城市道路严重拥堵、大型赛事集会和亚欧博览会期间等,调度管理更是发挥了很好的分流指挥作用。

乌鲁木齐冬、夏季温差达60℃以上,四季中冰、雪、雨、雾等极端天气频繁。指挥系统将安全提示和各类人性化叮嘱及时下发到全部运营车辆,确保驾驶员随时掌握交通和安全环境的变化,以便有效防范和应对。通过指挥信息平台全年发送的预报类安全提示预警指令可达1.5万条以上。

同时,在遇重大突发事件时,"可视化"监控平台会直接成为公交应急指挥中心。依靠分布在全市399处站台的监控画面和公交车、社区巴士、专线公交、出租车等运营车辆的GPS回传数据,为企业安全管理部门和上级管理部门应急决策指挥提供有力支持。

3. 科技发力,实现公交行车安全的智能动态监管

乌鲁木齐城市道路较为拥堵,冬季天冷路滑,因此行车安全管理尤为重要。"GPS智能限速"可根据客流和道路特点分段设定行车速度和准点考核的标准值,超速行车现象得到有效遏制,最大程度降低了重特大事故和客伤事故的发生机率。通过科技发力,实现了安全和运营秩序管理工作的全过程动态监管。

统计数据表明,采取限速技术手段后,近五年事故总起数、伤人事故、死亡事故、事故费用等重要指标,下降幅度明显。尤其体现在道路交通死亡事故方面,2009年公交集团有运营车辆1093辆,全年事故死亡9人,而2012年车辆增加至2501辆时,全年事故死亡2人,2018年平台监管的公交运营车辆已经增至2939辆,全年无亡人事故。

智能限速使车辆行驶平稳了,前后车距均匀了,客伤投诉明显减少,服务满意率则相应提高了7.1%。智能限速还保证了良好的车辆经济运行车速,降低了燃油燃气消耗,减少了机件磨损,延长了公交车维修周期和使用寿命,极大程度减轻了高速行车所产生的排污加重现象,对"绿色公交、低碳公交"起到了良好的推动作用。

4. 推动"技防"建设,夯实公交安保管理,保障各族市民安全出行

为维护社会稳定和谐,在保障市民安全出行"技防"长效化方面,乌鲁木齐以较高标准建设了全面覆盖的城市公交安防监控系统。全市100%的公交车都安装了"车内视频监控"设备,主城区273处客流量大的公交站点和26处公交停车场架设有与公安联网的监控探头650多部。

"安保"技防网络的建设达到了对车辆、站台、人员、事件的全方位、全过程的高效监控目标,强化了安防科技手段的基础,促进了公交安保工作长效化、科技化水平的提升,形成了对不法分子的强大威慑。而监控数据的回放分析,则高效地实现了对公交营运服务稽查工作不留"死角",还在关键时刻起到了维护企业和驾驶人员正当权益的作用。

"技防"手段运用8年多来,为公安部门处置乘客纠纷、治安涉恐案件提供取证视频436起,抓拍驾驶员不文明驾车和不规范服务行为569起(此数据呈逐年下降趋势),还原澄清交通事故、意外客伤和乘客因病猝死纠纷真相268起。乌鲁木齐公交对科技"安防"工作的重视,从更高层面来说,因为其还具有长期维护社会公共治安和提高全社会维稳处突能力的重要政治意义。

5. 结合维稳新形势,不断创新和技术外延

近年来,国内多个城市相继发生针对公共交通的破坏事件,城市公交作为承载人们生活、工作的重要运输体系,一旦发生恐怖袭击极易造成人民群众群死群伤的重大恶性事故,不仅危害大、损失大,而且危及社会的稳定。确保市民的出行安全,打造公交安全体系建设,

已经是摆在公交人面前的首要责任。结合公交维稳的新形势、新情况,积极推进智能公交的不断创新和技术外延。

一是利用 GPS 自动播报技术,为全部运营车辆设置了进出站和行驶中滚动播报"严禁携带液体和易燃易爆品乘车"的安保警示宣传,宣传力度的加大形成了乌鲁木齐市民对公交安保工作自觉配合和"全民参与"。

二是为全部公交车加装了 GPS"一键报警"功能,遇突发事件时,驾驶人员可利用"F8 一键报警"第一时间发出报警信息,使各级调度人员及时通过监控等科技手段,对事发车辆和危情形成特定关注,做出快速反应,提升突发事件下应急调度指挥的处突能力。

三是借鉴"他山之石",为缓解公交夜间停车场地紧张、天然气车辆停放密集的突出矛盾,在公交集团 11 处重点停车场安装了电子巡更系统,更好地筑牢了公交集团内部安全管理的基础,提高了车场巡逻保卫的管理水平。

目前,乌鲁木齐公交集团正在部分公交线路车辆上试点实施部署驾驶员"人脸识别签证""驾驶行为 AI 分析评价""车道偏离智能预警"安全管理创新功能。随着多项创新功能的应用推广,公交安全体系的建设工作将得到新的提升,智能科技在打造公交安全体系建设的工作中将发挥更好的作用。

三、组成架构

乌鲁木齐智能公交系统由信号优先控制系统、网络传输系统、监控与调度系统和信息服务子系统等组成。通过车载电子设备、车站电子设备、车场电子设备等实现车辆位置的实时检测。系统的结构框架如图 9-7 所示。

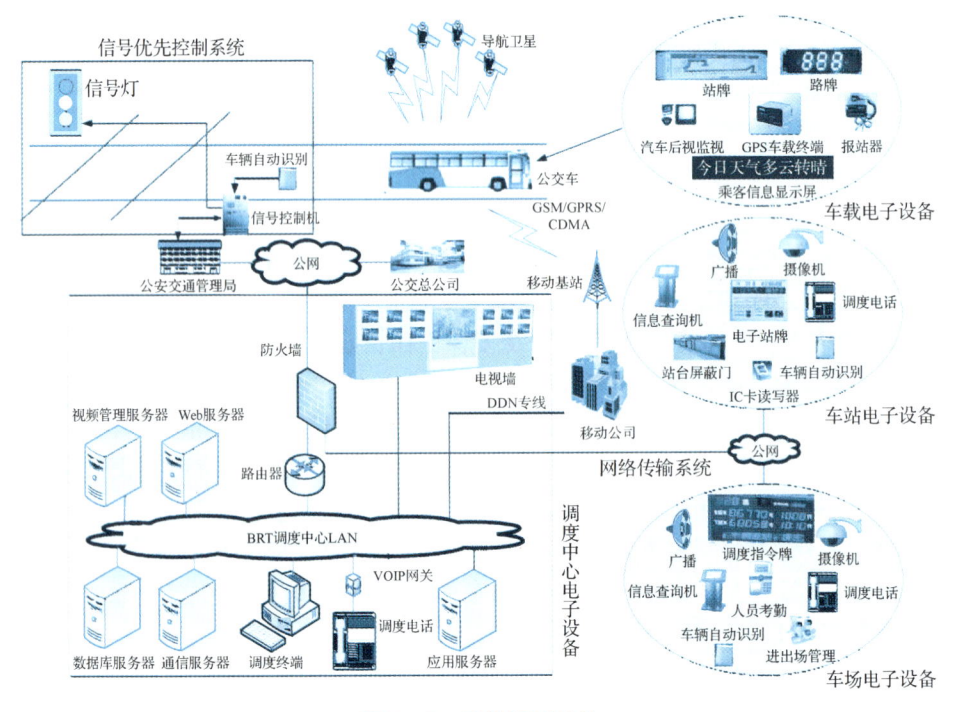

图 9-7 系统框架结构

一、单项选择题

1. 快速公交系统的英文简称是( )。
   A. BRT B. GIS C. ATIS D. TGS
2. 公交优先系统包括( )两种类型。
   A. 被动优先 主动优先   B. 时间优先 被动优先
   C. 空间优先 时间优先   D. 主动优先 空间优先

二、多项选择题

1. 公共交通信息系统的信息提供方式主要包括( )。
   A. 可变信息板系统   B. 可变限速标志
   C. 交通广播和路侧通信广播 D. 信号灯系统
2. 监控与调度子系统的功能主要包括( )。
   A. 线路网优化   B. 行车计划优化
   C. 行车模拟   D. 实时监控调度

三、简答题

1. 智能公共交通由哪几个子系统构成？
2. 监控与调度子系统的功能有哪些？
3. 监控与调度子系统由哪几部分组成？
4. 公交优先系统的概念是什么，其作用又是什么？
5. 快速公交系统概念是什么？

车路协同系统

项目描述

南京某高校拟建设一套车路协同系统,以解决校园内高峰期人、车混流导致的出行效率低与安全风险,从而更好地管理校区内的交通运行。现在请你利用所学交通知识,完成这个车路协同系统的集成方案吧。

学习目标

1. 掌握车路协同系统的功能与架构;
2. 掌握车路协同系统的关键技术;
3. 掌握车路协同系统的应用场景;
4. 理解分析行人过街安全管控系统。

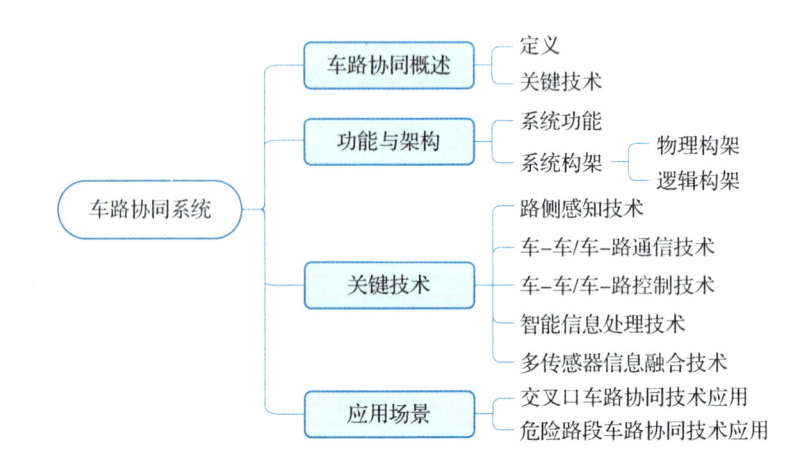

知识引导

车路协同系统
- 车路协同概述
  - 定义
  - 关键技术
- 功能与架构
  - 系统功能
  - 系统构架
    - 物理构架
    - 逻辑构架
- 关键技术
  - 路侧感知技术
  - 车–车/车–路通信技术
  - 车–车/车–路控制技术
  - 智能信息处理技术
  - 多传感器信息融合技术
- 应用场景
  - 交叉口车路协同技术应用
  - 危险路段车路协同技术应用

第一节　车路协同概述

车路协同系统(cooperative vehicle infrastructure system,CVIS)：基于无线通信、传感探测等技术进行车路信息获取，通过车车、车路信息交互和共享，实现车辆和基础设施之间智能协同与配合，达到优化利用系统资源、提高道路交通安全、缓解交通拥堵的目标(如图10-1)。

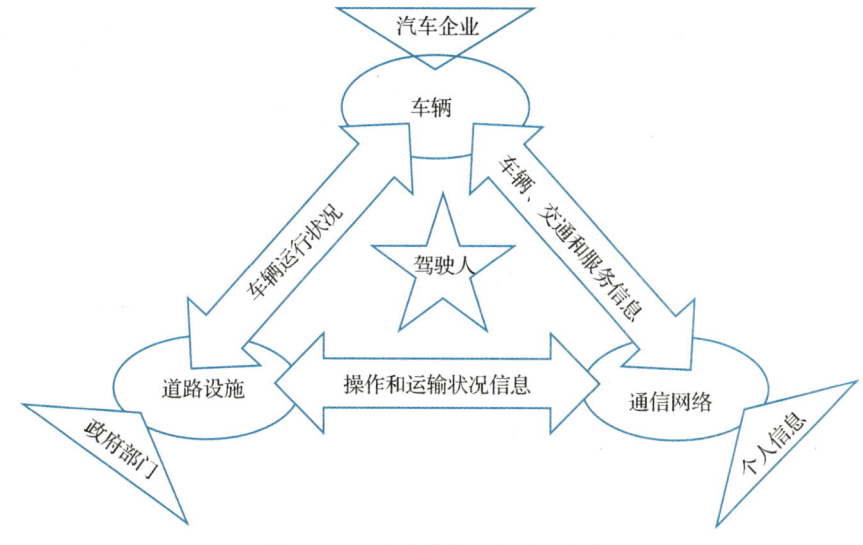

图 10-1　车路协同系统体系框架

智能车路协同系统综合应用信息、通信、传感网络，新一代互联网，可信计算和计算仿真等领域的最新技术，实现车辆与道路设施的智能化和信息共享，在实时、可靠的全时空交通信息的基础上，结合车辆主动安全控制和道路协同控制技术，保证交通安全，提高通行效率，实现人-车-路的有效协同。系统通过提高车辆控制智能化水平以及人-车-路与交通环境之间的信息交互能力，实现车辆自主驾驶以及列队控制，通过提高车速、减小自治车队行驶过程中车间距离，将道路交通流调整到最佳状态，提高路网通行能力和道路安全性。其相关研究领域涉及先进的车辆控制和安全系统、车队协同驾驶系统结构、车车通信技术、车队协作策略以及相关交通仿真与试验技术等方面(图10-2，图10-3)。

智能车路协同系统集成了车辆、道路、信息等领域前沿技术，是智能交通和智能车辆领域的研究热点。系统包括智能车辆技术(车辆精准定位与高可靠通信技术、车辆行驶安全状态及环境感知技术、车载一体化系统集成技术)；智能路侧系统关键技术(多通道交通信息采集技术、多通道路面状态信息采集技术、路侧设备一体化集成技术)；车路/车车协同信息交互技术；车路协同系统集成与仿真测试技术等。

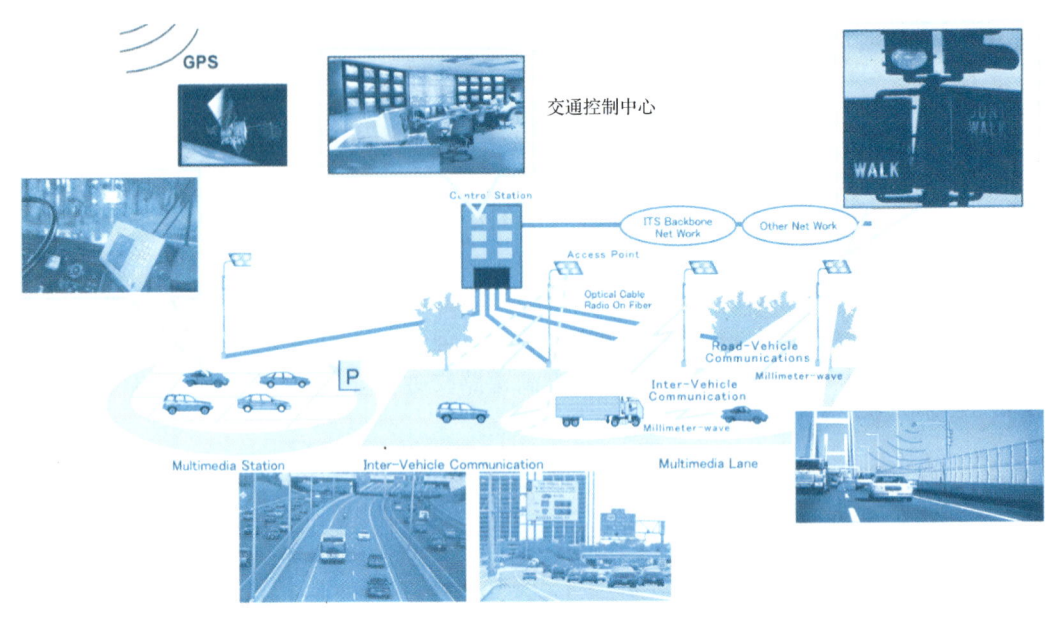

图 10-2　智能车路协同系统简介

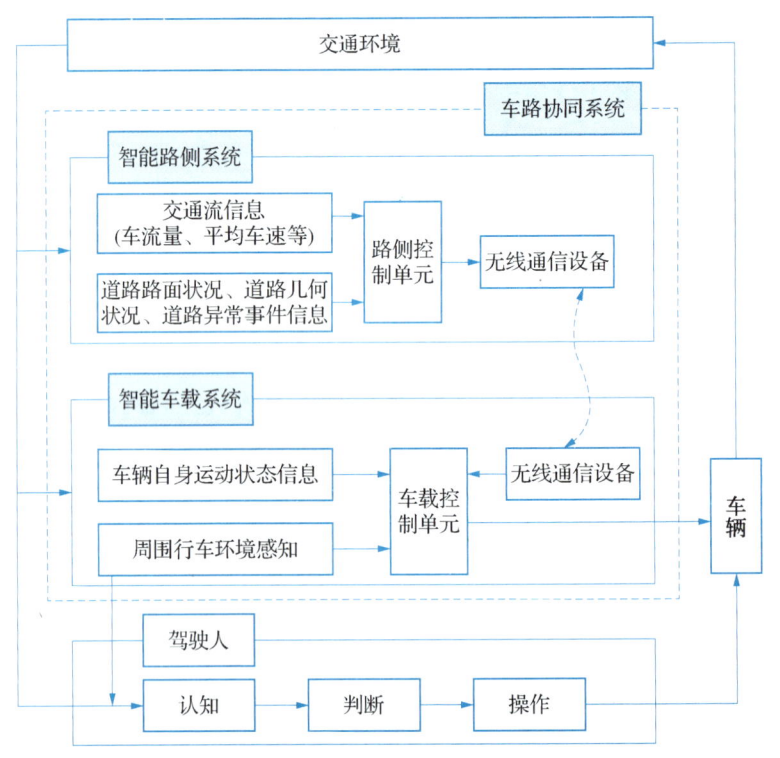

图 10-3　智能车路协同系统结构

第二节　功能与架构

对于交通流的研究目的在于缓解交通压力，解决城市频繁出现的交通拥堵现象。目前主要应用的方法有交通控制和交通诱导。两种方法都需要对城市道路交通信息进行实时的采集、准确的预测和有效的发布；或者说，只有建立了完善的交通信息服务系统，才能使交通控制和交通诱导得到充分发挥。

近年来，随着无线通信技术的发展，国内外学者开始逐步将传感器网络技术应用于交通系统，探讨移动环境下动态全时空交通信息采集、融合、分析及交通控制和诱导技术。车路协同系统应运而生，车路协同技术改变了传统的交通信息采集和交通控制方法，已经成为当今国际智能交通领域研究的技术热点和前沿，主要发达国家和地区都在致力于建立基于车路协作的智能人车路协调系统，以实现更高效、安全和环保的目标。

车路协同系统的定义是：基于无线通信、传感探测等技术进行车路信息获取，通过车车、车路信息交互和共享，并实现车辆和基础设施之间智能协同与配合，达到优化利用系统资源、提高道路交通安全水平、缓解交通拥堵的目标。

当交通流理论基于车路协同来研究时，其研究将进入新的层面，并且真正进入智能化交通的研究层面，将为人们的出行安全及交通安全带来前所未有的进步。

一、系统功能

车路协同系统的基本目标：确保在任何时刻、任何路段都能实时感知车路情况；确保在任何条件下都能提供必要的信息和便捷优质的交通综合服务；确保整体路网能够协调、畅通、安全、高效，最大限度地减少交通事故和交通拥堵的发生，从而达到提高道路通行能力的目的。为此，该系统的主要功能应该包括以下内容：

1. 感知车辆、环境和道路信息

实时感知车辆运行状态及驾驶行为，实时感知车外道路上其他运行的车辆、行人或周边的静止物体等信息，实时感知和准确采集全路网的车辆位置、速度、行程时间和交通流信息，实时感知或检测道路沿线的冰、雪、雨、雾、冻等气象与路况信息。

2. 交通数据的传输

车与车、车与路旁设备之间的短距离通信及数据传输，将采集到的交通数据或车载计算机处理后的交通异常信息实时、可靠地传送给交通监控中心，或将交通控制方案下发到控制设备，实现车路与监控中心之间的远距离数据传输。

3. 数据处理与智能决策

对上传后的海量交通数据，应能够实现快速、精确的分析与综合数据处理；根据上传的气象、交通数据，分析各路段和区域路网的交通状态，为制定科学合理的管理决策提供依据；根据车辆对车况、路况的感知信息，分析单车工况和运行状态，提供个性化服务和安全行驶服务。

4. 交通状态显示和交通异常预警或报警

在监控中心，实时分析和判定全路网各监测路段上所发生的交通异常或发现潜在的交通异常现象,及时发出预警或报警提示并在电子地图上显示有关目标和采取的管制方案;实时监控路网中特定车辆的行驶轨迹或判定其违章行为,及时发出预警信息。

5. 信号控制与信息发布

根据检测到的道路交通异常状况,及时启动控制预案,能够面向路网中的特定车辆实时发布有针对性的预警信息,规避交通隐患;面向特种车辆发布实时引导信息,指引其快速通行;面向路段或路网中的群体车辆实时发布道路交通信息、路况信息和交通控制与诱导信息。

二、系统构架

1. 物理构架

车路协同系统总体上由车载感知子系统、路侧感知子系统、数据传输子系统、数据处理与预警子系统、交通控制与信息发布子系统5个部分组成。该系统的物理构架设计如图10-4所示。

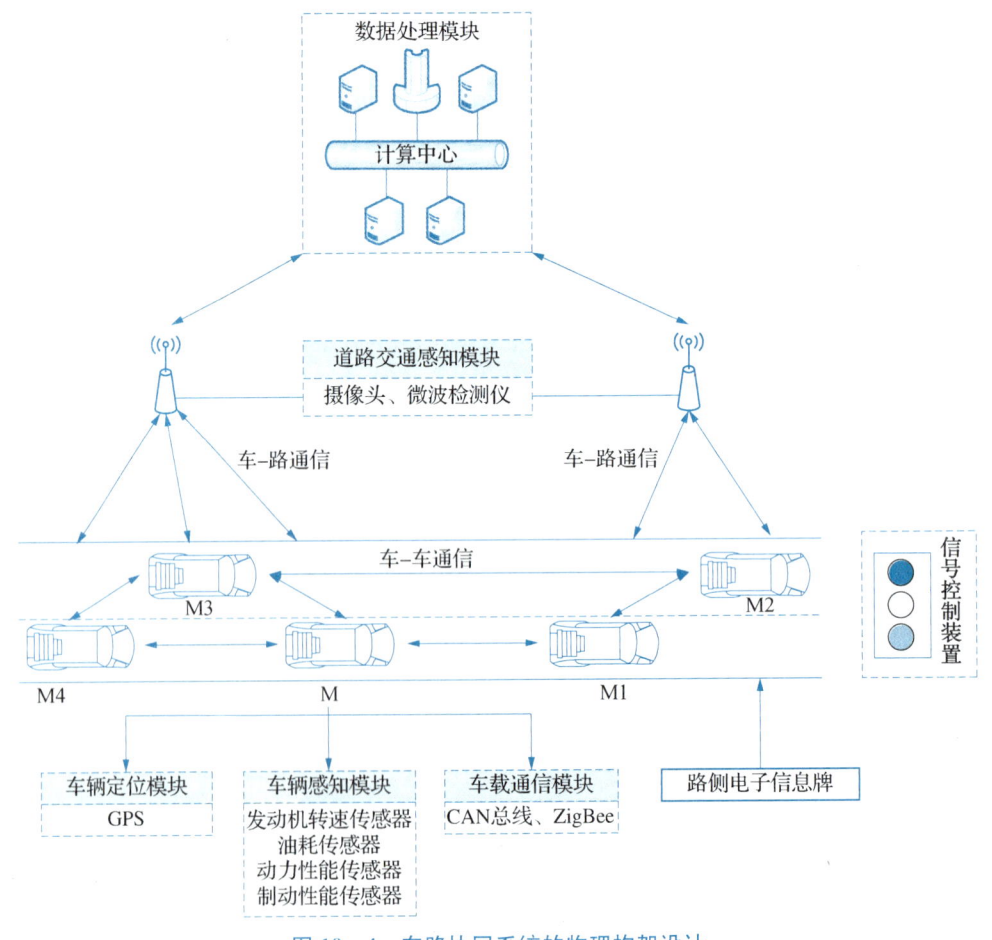

图10-4 车路协同系统的物理构架设计

(1) 车载感知子系统　车载感知子系统由安装在车辆上的各种车辆运行参数传感器、车载摄像头和雷达、GPS卫星定位装置以及车载微处理单元等组成。该子系统又分为车辆感知模块、环境感知模块和GPS定位模块3部分。车辆感知模块主要通过各种车载传感器实现对车辆自身发动机转速、油耗、动力性能、制动性能等一系列动态运行参数的采集,从而感知车辆自身的运行状态。车辆感知模块具有两大功用:第一,在车辆运行过程中,它会实时向驾驶人显示或报告车辆运转的工作状况,一旦出现车辆运转异常状况,系统会及时发出预警或报警信息提醒驾驶人员密切注意车辆自身运转情况并采取应急措施;第二,车辆感知模块也可以通过车载通信模块及车联网的其他通信设施,实现由监控中心对车辆各种工况的远程监测,并提供定期的维护与保养服务信息。

环境感知模块主要用于感知车辆在运行过程中的道路交通信息及路况信息,以确保行车的安全性和高效性;还可以通过车与车之间的相互感知,在较高的行驶速度下及在一定的距离范围内,及时对前后及周边的车辆进行识别、车速与车距判定,相互接收并发送部分周边交通环境信息,并由车载微处理单元根据这些信息做出简单的处理,将"决策"后的信息提供给驾驶人,作为建议性参考。

GPS定位模块主要用于车辆运行位置、行车时间、行驶速度等数据的采集。车载接收机所获得的车辆位置与速度等数据,一方面直接经由车载计算机数据处理后,实现单车运行状态的监测,一旦发生单车交通异常,即刻通过GPRS方式将车辆运行异常信息及时传输给交通监控中心;另一方面,将采集的数据不经车载计算机数据处理,而是按一定的时间间隔,以同样的GPRS方式传输给交通监控中心,由监控中心进行全路网或各路段的宏观交通流监控和单车监控。此外,智能车载子系统还具有监测驾驶人行为等功能。

(2) 路侧感知子系统　路侧感知子系统由安装在道路上的微波、视频检测器等组成。其主要通过各种道路交通检测器采集交通流量、速度、占有率、车头时距等交通流参数数据及车辆运行状况信息,也可以采集车辆的行程时间、行程速度等交通参数数据。其最主要的功能是通过获取道路上的交通流信息,实现对交通流的宏观监控。

(3) 数据传输子系统　车载通信模块、路侧通信模块、移动通信基站以及其他通信设施共同组成了数据传输子系统,用于实现短距离无线通信及远距离有线或无线通信与数据传输。

车载通信模块主要用于车-车通信和车-路短距离通信与数据交换,路侧通信模块则主要用于车-路、路-路间的信息通信以及与基站间的数据传输。通过车-车通信可以将前车行驶状态的突变信息实时传送给后车,提醒后面的跟行车辆及时减速并保持安全距离。通过车-路通信可建立车辆与路侧装置之间的联系,首先便于实现车辆对前方道路交通与环境路况等信息的实时获知,即车辆能及时接收到路侧装置发送的前方路况信息;再次能够将车辆自身感知的交通环境信息有选择性地反馈给路侧装置。通过路-路通信可以实现将前方的交通与路况信息逐个向后方的路侧通信模块传递,继而显示在路侧信息发布装置上或传输给后方的其他车辆。通过路侧与基站间的通信,或车辆与基站间的直接通信,可将道路交通及路况信息上传至监控中心,或把监控中心的控制和诱导指令下发给路旁发布设施或道路上行驶的车辆。

移动通信基站是无线通信网络中的重要节点,其主要功能就是接收与发送无线信号以及将无线信号转换成易于传输的光/电信号。它既可以接收车载GSM或路侧通信模块的信号,将其传输给监控中心,也可以将监控中心传来的信号发送给路侧通信模块或车载 GSM,从而建立前端与中心之间的通信联系与数据交换。

(4) 数据处理与预警子系统　在交通管理中心,各种信息处理设备及显示、报警装置等组成了数据处理与预警子系统。该子系统分为数据处理模块、预警与报警模块。数据处理模块主要用于海量交通数据的处理,通过云计算,综合分析交通与空间、气象与道路等信息以及与 GIS 匹配等,及时发现道路上的交通异常或潜在的交通危险,实现对道路交通状态的实时监测;通过对区域交通数据的综合分析,提出科学合理的交通组织与优化对策,实现对全路网交通的有效组织与疏导;通过对单个车辆运行轨迹和运行参数的分析,实现对个别违章车辆的预警或交通事故车辆的报警;通过对特定车辆监视及行驶参数的分析,实现最优路径的诱导;通过对气象条件与道路路况信息的综合分析,实现对道路路况条件与恶劣气象条件的预警;通过对交通数据存储、管理、编辑、检索、查询和分析等综合应用,实现各子系统间的信息协同、数据共享与互通,提高交通信息的综合利用度。

预警与报警模块主要用于对道路交通异常状态、单车运行异常状况、恶劣天气与路况异常变化等情况预警和实时报警,以便最大限度地减少交通异常所造成的损失。交通监控中心可根据监测目标数目的多少采用单屏多窗口或者多屏幕显示方式,分别监测不同的目标和区域。一旦发现或预测到可能发生的交通异常或交通危险,则以声光报警方式发出预报或报警信息,并锁定和显示报警目标,提示中心工作人员及时处理警情。

(5) 交通控制与信息发布子系统　交通控制与信息发布子系统由安装在道路沿线的信号控制装置、可变信息板、路旁广播以及车载信息提示与发布装置等组成。该子系统能够通过通信装置自动接收来自监控中心的交通控制信息,实现对道路上车辆的交通信号实时控制;也可接收来自监控中心的各种预警、报警信息或交通诱导信息,实现对特定路段或特定区域的各种预警、报警和交通诱导信息的发布。信息发布的对象可以是该路段或区域内的群体车辆,也可以是指定车辆;信息可以通过路侧各种信息发布装置发布,也可以直接传送到车载信息发布装置上。

上述 5 个子系统紧密联系,相互协调,将人、车、路、环境和谐统一,从而实现车路协同系统的总体目标与功能。

2. 逻辑构架

车路协同系统在逻辑上就是各个模块之间进行数据的交互,以达到数据的实时监测和共享。该系统的逻辑构架如图 10-5 所示。图中标明了该系统的主要功能、技术手段、各模块之间的信息交换方式及数据流方向。

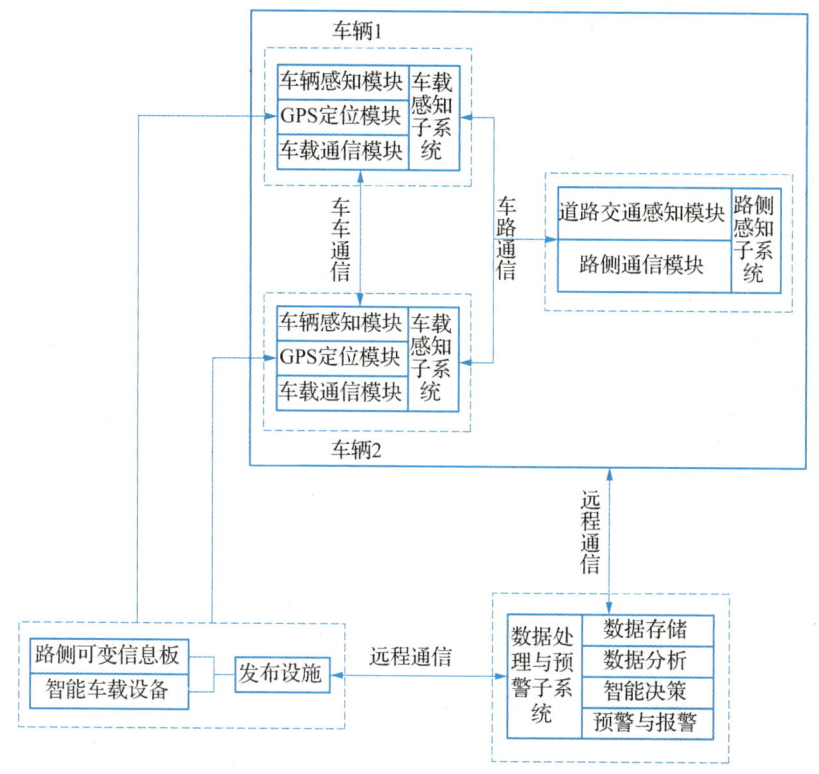

图 10-5　车路协同系统逻辑构架

第三节　关键技术

车路协同系统涉及多方面、多层次、多领域的技术应用。系统包括智能车载技术和智能路侧技术。本节将重点研究智能路侧技术。

一、路侧感知技术

智能路侧感知技术其实就是道路交通信息采集技术,是指利用路侧设备和车路通信技术实现对路网中车辆信息、道路信息的采集,再将采集到交通信息通过车-路通信和车-车通信及时地传递给附近的车辆(如图 10-6)。

图 10-6　智能路侧技术

(1) 多通道交通信息采集技术

主要采集的动态交通信息包括车流量、平均车速、车辆定位、行程时间等；采用的采集方式有感应线圈检测、微波检测、红外线检测、视频检测以及基于GPS定位的采集技术、基于蜂窝网络的采集技术、基于RFID的采集技术等。

(2) 多通道路面状态信息采集技术

路面状态良好是保证车辆安全运行的基础条件之一，对于路面状态需要采集的信息主要包括：

① 道路路面状况（积水、结冰等）。

② 道路几何状况（车道宽度、曲率、坡度等）。

③ 道路异常事件信息（违章车辆、发生会车、碰撞事故、非法占有车道的障碍物等）。

单一的传感器无法满足多路面状态信息实时采集的要求，必须通过融合多传感器信息，如雷达、超声波、计算机视觉以及无线传感器网络等，实现车辆间、车路间的信息交换，才能实现道路路面状况信息的实时采集。

(3) 路侧设备一体化集成技术

实现路侧设备无线通信和数据管理一体化功能，智能道路基础设施涉及：

① 路况信息感知装置。

② 道路标识电子化装置。

③ 基于道路的各种车路协调装置。

④ 信息传送终端。

二、车-车/车-路通信技术

车路协同系统需要多种通信技术支持实现其短距离通信和远程通信。根据系统功能的需求，常见的通信模式包括无线局域网（WLAN）、无线广域网（WWAN）、专用短程通信（DSRC）、自组织网络（SON）、传感器网络（WSN）、蜂窝网（Cellular network）等。

下面列举常见的三种通信技术：

(1) ZigBee技术

ZigBee技术属于自组织网络（SON），该技术是一种近距离、低复杂度、低功耗、低速率、低成本的双向无线通信技术，主要用于距离短、功耗低且传输速率不高的各种电子设备之间进行数据传输以及典型的周期性数据、间歇性数据和低反应时间数据传输。车-路之间的短距离信息的交互主要利用ZigBee技术实现。

(2) 5G技术

5G是目前最新的蜂窝移动通信技术，也是继4G、3G和2G技术之后的延伸。5G的性能目标是高数据速率、减少延迟、节省能源、降低成本、提高系统容量和大规模设备连接。5G的发展将牵引新一轮技术融合创新，实现超低延时、超高可靠性与超高速率和"人-车-路-云"等协同互联。车路协同的工作原理就是通过专用的通信协议和特定频谱，实现一定区域、一定条件下车与数字化万物的互联互通。以数字化、智能化为依托，作为交通运输载体的智慧路网将成为下一代交通运输系统的重要支撑。

(3) CAN总线技术

CAN属于现场总线的范畴，它是一种有效支持分布式控制或实时控制的串行通信网络。CAN 具有成本相对较低、实时性高、可靠性良好的特点,其应用范围遍及从高速网络到低成本的多线路网络。选用汽车 CAN 总线技术,通过遍布车内的各种传感器,汽车的行驶数据会被发送到"总线"上,这些数据不会指定唯一的接收者,凡是需要这些数据的接收端都可以从"总线"上读取需要的信息。CAN 总线传输数据非常快,可以达到每秒传输 32bytes 有效数据,这样可以有效保证数据的实效性和准确性。传统的车辆内都需要埋设大量的线束以传递传感器采集的信号,而 CAN 总线技术的应用可以大量减少车体内线束的数量,从而有利于降低故障发生的可能性。在车路协同系统中利用 CAN 总线技术可以实现对车辆发动机转速、油耗、车速、动力性能、制动性能等系列动态参数的传输,从而实现对车辆自身运行状态的感知。

三、车-车/车-路控制技术

主要分为两个方面,如图 10-7 所示。

(1) 面向效率

有基于车路协同信息的交叉口智能控制技术、基于车路协同信息的集群诱导技术、交通控制与交通诱导协同优化技术、动态协同专用车道技术和精确停车控制技术等。

(2) 面向安全

有智能车速预警与控制、弯道侧滑/侧翻事故预警、无分隔带弯道安全会车、车间距离预警与控制、临时性障碍预警等。

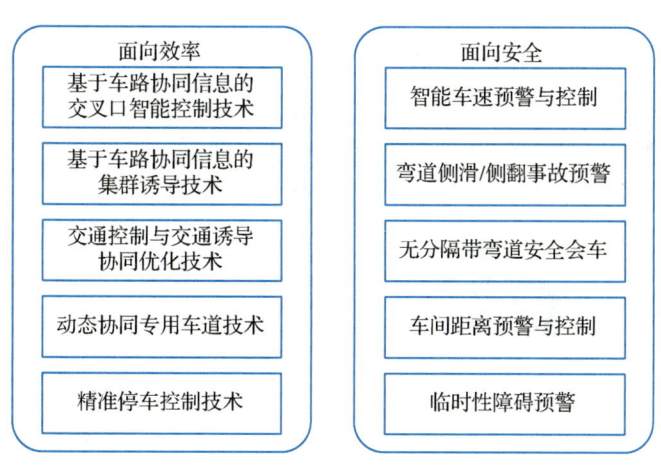

图 10-7 车-车/车-路控制技术

四、智能信息处理技术

车路协同系统的重要任务之一就是对海量的感知信息进行汇总、共享和分析,并依据处理结果进行智能决策。然而,当今许多信息处理技术已经不能满足对大容量信息进行处理的需求,于是云计算便应运而生。云计算(Cloud Computing)是一种分布式计算技术,其基本工作流程是通过网络将庞大的需要分析处理的程序自动拆分成无数个较小的子程序,再经众多服务器所组成的庞大系统搜寻、计算分析,最后将处理结果返回给用户。云计算借助高速网络将各种计算能力连接起来,为交通信息提供了几乎无上限的可伸缩的计算能力。

云计算在车路协同系统中主要用于分析计算道路交通状态、大规模车辆诱导策略、智能交通调度等。云计算的应用,一方面,可以实现业务的快速部署,在短期内为交通用户提供系统的 Telematics 服务;另一方面,平台具有的强大运算能力、最新实时数据和广泛的服务支持,能够对综合交通服务起到强大的支撑作用,如基于云计算的"云导航"可以实现"实时智能导航"。云平台则可以根据用户的需求及道路交通的实际情况、异常交通因素等,进行大范围的交通数据的分析、计算与规划,从而实现宏观区域的交通组织与优化,并通过服务整合为路网中的车载终端提供更丰富、更富有价值的综合交通服务等。

五、多传感器信息融合技术

多传感器信息融合也是车路协同系统关键技术之一。信息融合是利用计算机技术将来自多个传感器或多源的观测信息进行分析、综合处理,从而得出决策和估计任务所需的信息的处理过程。信息融合的基本原理是充分利用传感器资源。通过对各种传感器及人工观测信息的合理支配与使用,将各种传感器在空间和时间上的互补与冗余信息依据某种优化准则或算法组合起来,产生对观测对象的一致性解释和描述。车路协同系统需要处理大量的源自路网的各种车载感知信息和路侧感知信息,运用数据融合技术对其进行数据级融合、特征级融合以及决策级融合,有利于通过对信息的优化和组合获得更多的有效信息。

第四节　应用场景

车路协同系统的典型应用场景如图 10-8 所示。

盲点警告:当驾驶员试图换道但盲点处有车辆时,盲点系统会给予驾驶员警告。

前撞预警:当前方车辆停车或行驶缓慢而后方车辆没有采取制动措施时,给予驾驶员警告。

信号控制	高速路管理	运输管理	事故处理
应急管理	不停车收费	出行信息	交通信息管理
安全预防	施工警示	气象服务	营运车辆管理
多式联运	碰撞预警	安全通报	辅助驾驶

图 10-8　车路协同应用领域

电子紧急制动灯:当前方车辆由于某种原因紧急制动,而后方车辆因没有察觉而未采取制动措施时,会给予驾驶员警告。

交叉口辅助驾驶：当车辆进入交叉口处于危险状态时给予驾驶员以警告，如障碍物挡住驾驶员视线而无法看到对向车流、大型车辆视野盲区的行人警告。

禁行预警：在可通行区域，试图换道但对向车道有车辆行驶时，给予驾驶员警告。

违反信号或停车标志警告：车辆处于即将闯红灯或停车线危险状态时，驾驶员会收到车载设备发来的视觉、触觉或者声音警告。

弯道车速预警：当车辆速度比弯道预设车速高时，系统会提示驾驶员减速或者采取避险措施。

道路交通状况提示：驾驶员会实时收到有关前方道路、天气和交通状况的最新信息，如道路事故、道路施工、路面湿滑程度、绕路行驶、交通拥堵、天气、停车限制和转向限制等。

车辆作为交通数据采集终端：车载设备传输信息给路侧设备，此信息经路侧设备处理变为有效、需要的数据。

匝道控制：根据主路和匝道的交通时变状况，实时采集、传输数据来优化匝道控制。

信号配时：收集并分析交叉口车辆实际行驶速度及停车起步数据，使信号的实时控制更加有效。

专用通道管理：通过使用附近的或平行车道可平衡交通需求，也可使用控制策略，如当前方发生事故时可选择换向行驶；改变匝道配时方案；利用信息情报板发布信息，诱导驾驶员选择不同的路径。

交通系统状况预测：实时监测交通运输系统运行状况，为交通系统有效运行提供预测数据，包括旅行时间、停车时间、延误时间等；提供交通状况信息，包括道路控制信息、道路粗糙度、降雨预测、能见度和空气质量；提供交通需求信息，如车流量等。

一、交叉口车路协同技术应用

交叉口车路协同技术示意图如图 10-9 所示。

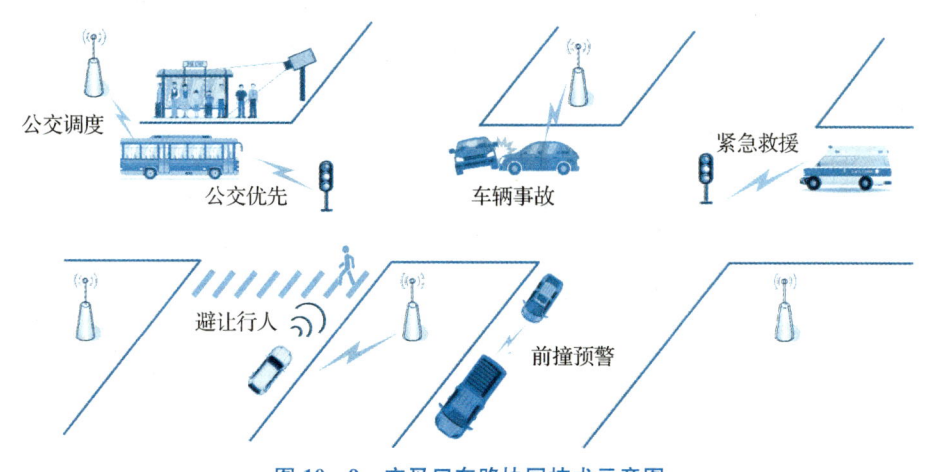

图 10-9 交叉口车路协同技术示意图

1. 交通信号信息发布系统

（1）通过车-路通信，向接近交叉口的车辆发布信号相位和配时信息，判断在剩余绿灯时间内是否能安全通过交叉口。

(2)提醒驾驶人不要危险驾驶(如闯红灯),并协助驾驶人做出正确判断,避免车辆陷入交叉口的"两难区",防止信号交叉口的直角碰撞(right angle)事故。

2. 盲点区域图像提供系统

(1)通过车-路通信,向交叉口准备转弯或者准备在停止标志前停车的车辆提供盲点区域的图像信息。

(2)防止由转弯车辆视距不足引起的事故和无信号交叉口的直角碰撞事故。

3. 过街行人检测系统

通过车-路通信,向接近交叉口的车辆发布人行道及其周围的行人、自行车的位置信息,防止机动车和非机动车及行人之间的事故。

4. 交叉口通行车辆启停信息服务

通过车-车通信,前车把启动信息及时传递给后车,减少后车起步等待时间,从而提升交叉口通行能力;在同向行驶中,前车把紧急制动信息快速传递给后车,避免追尾事故的发生。

5. 先进的紧急救援体系

在车辆发生故障或交通事故时,自动向急救中心及管理机构发出有关事故地点、性质和严重程度等求助信息;通过车-路通信调度信号灯优先控制,让急救车辆先行,及时救援受伤人员。

二、危险路段车路协同技术应用

危险路段车路协同技术示意图如图 10-10 所示。

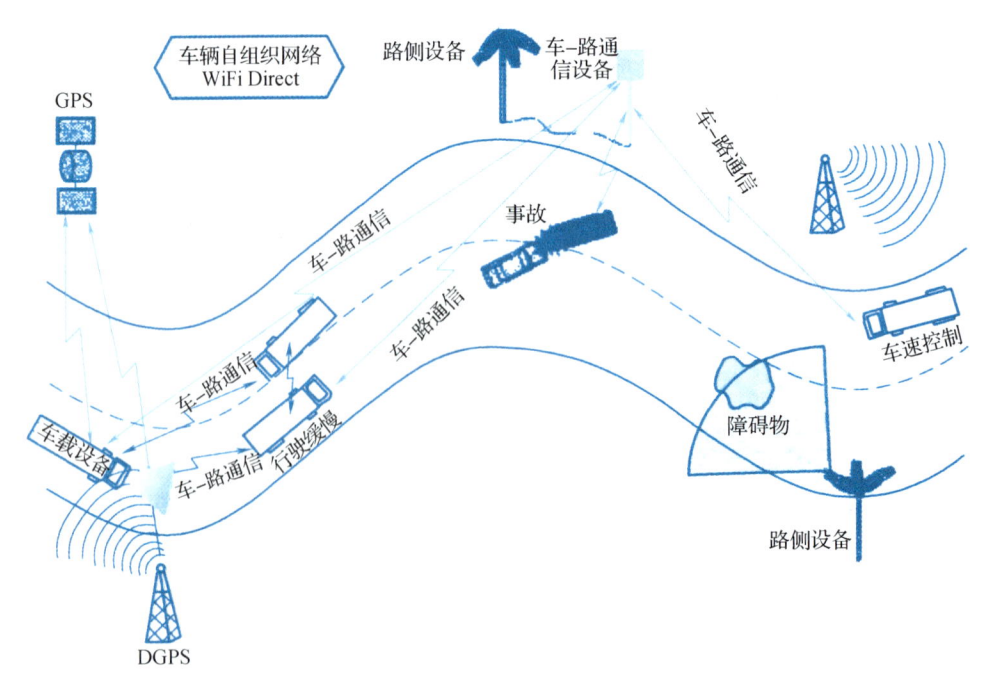

图 10-10 危险路段车路协同技术示意图

1. 车辆安全辅助驾驶信息服务

路侧设置的多传感器检测前方道路转弯处或死角区域是否发生交通阻塞、突发事件或存在路面障碍物；通过车-路通信系统向驾驶者提供实时道路信息。

2. 路面信息发布系统

向接近转弯路段的车辆发布路面信息（如是否冰冻、积水、积雪），提醒驾驶人注意减速，防止追尾事故。

3. 最优路径导航服务

路侧设备检测到前方道路拥堵严重，通过车-路、车-车通信系统以及车载终端显示设备，提醒驾驶者避开拥堵道路，并为其选择以最短时间到达目的地的最佳路线。

4. 前方障碍物碰撞预防系统

（1）通过车-路、车-车通信，向车辆传递危险信息（如障碍物的绝对位置、速度、行驶方向等）。

（2）帮助避免发生车辆之间或车辆与其他障碍物之间的前撞、侧撞或后撞等。

（3）避免与相邻车道上变更车道的车辆发生横向侧碰等。

5. 弯道自适应车速控制

（1）向车辆传递前方弯路的相对距离、形状（曲率半径等）等信息。

（2）车辆结合自身运动状态信息，给予驾驶人最优车速，避免车辆在转弯时发生侧滑或侧翻。

项目实施

一、项目背景

校园主干道路环绕的内部区域为学院教学的主要区域，学生宿舍和食堂则分布在校园的西北区域，教学区和宿舍食堂区被校区主干道路分割为两块区域。在学生上课期间，校区内主干道路上的车辆和行人相对比较稀少，车辆在主干道路的行驶速度较快。而在早中晚的上学和放学期间，教学区与宿舍食堂的人流交换数量则明显剧增，期间上下班的教职工车辆也十分繁忙，由此产生的交通运行冲突和交通安全问题尤为突出。

为了更好地管理校区内的交通运行，计划借助智能化的交通管控措施合理规范校区内部的交通行为，有效保障校区内师生的安全，并通过特定的警示效果提升师生的交通安全意识和安全素养。同时，建成后的智能交通设施还能为智能交通学院提供专业的实训场地和实践设施，提升育人成效。

二、建设思路

根据现有学院校区的实际情况和需求，本次项目拟在教学区与宿舍食堂人流交换的主干交叉口处建设相应的智能信号控制和智能过街警示系统。

1. 智能信号控制系统

智能信号控制系统主要是通过建设智能交通信号控制机、机动车信号灯和行人过街信号，来实现对主干道路上行驶车辆通行需求和校内教职工及学生过街需求的合理调度，从而保证有序、安全、高效的交通运行。

2. 智能过街警示系统

智能过街警示系统主要是建设高亮度发光斑马线和多功能警示柱来实现对过街教职工及学生的安全警示,提示其按照交通信号的指示进行正确的交通行为。

三、组成架构

1. 室外部分

室外部分:在教学区与宿舍食堂人流交换的主干交叉口处。

本系统的组成架构主要包括智能信号控制机、机动车灯、倒计时、雷视车辆检测器、多功能警示柱和发光斑马线等(如图10-11)。

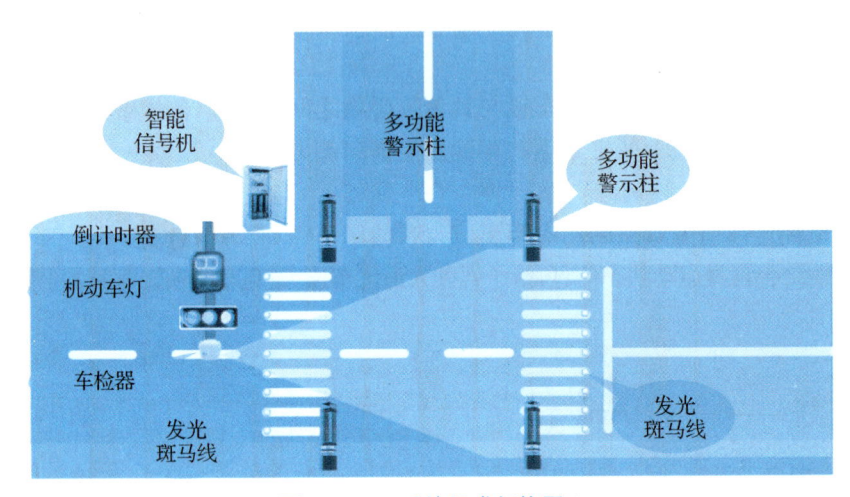

图10-11 系统组成架构图1

2. 室内部分

交通信号控制实训系统主要包含交通信号控制软硬件平台、交通信号控制机和应用展板等,具体如图10-12所示。

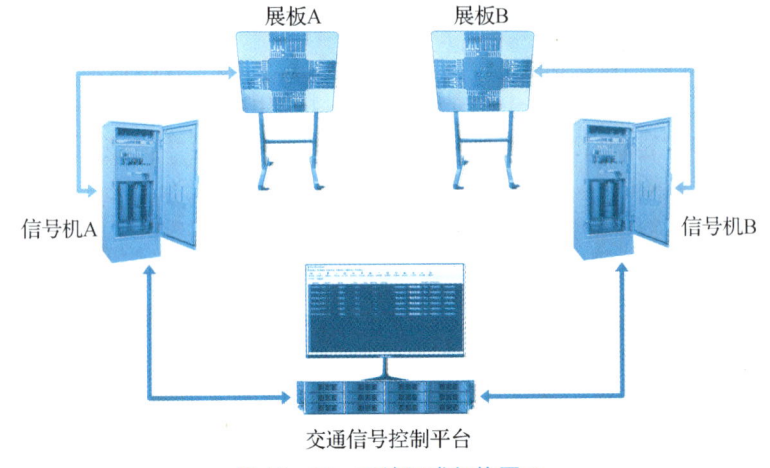

图10-12 系统组成架构图2

四、系统功能

1. 主要功能应用

根据对院区建设区域现有交通运行情况的实际调研发现：教学区与宿舍食堂人流交换的路口在高峰期（上学放学期间）由于大量学生和教职工需要通过主干道路过街，导致在此期间主干道路上行驶的车辆难以通行，车辆行驶与行人过街的冲突十分突出；而在平峰期（上课教学期间和夜间），车流和人流则相对稀疏，主干道行驶的车辆车速相对较快。

所以项目建设的系统将根据不同时间段的交通运行状态和需求，配置相对应的交通信号控制策略（方式）：

高峰期信号设定为自适应优化控制策略：此方式通过在交通信号定周期放行的基础上，实时检测主干道车辆通行的需求（如车流量、车辆排队等信息），若车辆通行需求未增加，则保持原有周期运行；若车辆通行需求超过预定的范围，则相应增加车辆通行相位的绿灯时长。

平峰期信号设定为车辆检测触发控制策略：此控制方式通过实时检测主干道路的车辆信息，在未发现道路有车辆通行需求时，将长期保持行人过街绿灯常亮和机动车道红灯常亮状态。一旦检测器发现主干道路有车辆通行的需求，交通信号控制机则进行对应的相位转换，从而允许机动车的通行，并提示过街行人等待红灯。

2. 系统功能设计

（1）交通信号的管理与控制功能

信号系统支持中心平台通过网络远程管理和控制路口信号机，也可通过手持终端、掌上电脑、笔记本计算机，对信号机的主要参数进行现场调看和设置。

信号系统具备对交通信号机的参数配置和运行控制功能，可设置包括时段、周期、相位、相序、过渡灯色、最大最小绿、工作方式等参数配置，也可实现指定相位、手动黄闪、手动全红等控制功能。

信号系统具备单点定周期控制、多时段控制、单点自适应控制、感应控制、无电缆协调控制、联网远程控制、系统干线协调控制、系统自适应优化、区域协调控制、紧急信号优先、公交信号优先、黄闪控制、全红控制、手动控制、行人过街请求等多种工作方式。

信号系统还具备警卫路线控制、过饱和控制、溢出控制等特定工作方式。

信号系统具备数据采集功能，可通过设置在路口的车辆检测器（包括环形线圈检测器、地磁检测器、视频检测器及微波检测器）来采集交通流数据，同时建立交通信息管理数据库，评估交通负荷度，统计分析交通信息各类图表，供交通疏导、交通组织与规划使用。

信号系统具备用户管理、交通属性管理、日志管理等功能，可有效保障系统的安全稳定运行，并可实现对系统操作事故的溯源。

信号系统具备开放的接口，可实现与交通采集、交通诱导、交通指挥调度、交通视频监控等各系统的快速对接，从而实现综合智能化应用。

（2）道路车辆检测功能

检测系统通过雷视一体机可实时检测主干道路的车辆运行状态，采集如车流量、车速、占有率等基本交通数据，处理、统计分析、存储、提取控制区域内的车流量、平均车速、排队长度、饱和度等交通信息，并将相关信息传递给对应的信号控制系统、交通诱导系统、交通警示系统等（如图10-13）。

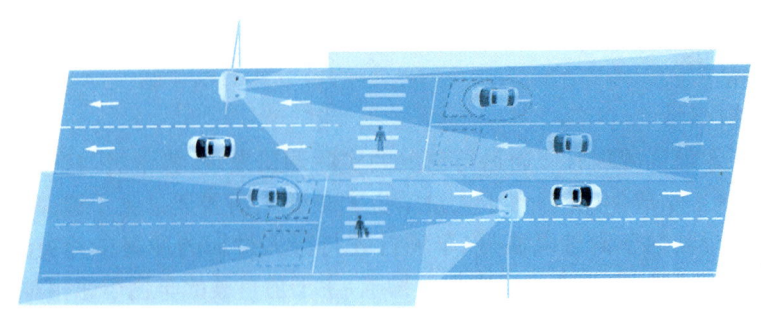

图 10‐13　车检器检测示意图

（3）数据信息对接功能

系统可实现中心管理平台与交通信号控制机、车辆检测器、多功能警示柱、发光斑马线的数据信息对接与管理，也可实现交通信号控制机与车辆检测器、多功能警示柱、发光斑马线的数据信息对接与交互，从而实现所建系统的统一管理及智能化应用。

（4）红绿灯信号警示功能

交通警示系统可通过机动车信号灯、多功能警示柱和发光斑马线实现对交通路口车辆和行人的警示作用。多功能警示柱和发光斑马线通过与交通信号机的快速对接，实现与信号机输出的红绿灯信号的同步，从而有效提示交通参与者关注交通信号的状态，规范交通行为，保障交通运行安全。

多功能警示柱可通过高亮度的多色光、定制文字和定制语音等不同方式定向发送交通信号的实时状态，提示交通参与者遵守交通秩序。也可通过定制文字和定制语音进行相应的交通法规和交通安全宣传，全面提升教职工和学生的交通素养。

发光斑马线可通过不同颜色(红、黄、绿、蓝、白)、不同方式(静态、同步闪烁、流水闪烁、交错闪烁等)提示交通信号的运行状态，从而实现对交通参与者的警示效果。

五、系统核心设备技术指标（见表 10‐1）

表 10‐1　系统核心设备技术指标表

序号	器材名称	器材规格或型号	数量	备注
1	交通信号机	符合国标 GB 25280—2016 要求，48 路灯控输出，32 相位控制，可设置 24 个普通时段，24×7(天)个星期时段，24×7(7个日期区间)个特殊时段，具备与车检器对接功能，具备联网控制、单点优化控制、公交信号优先、紧急信号优先、感应控制、无电缆协调控制、多时段控制、黄闪控制、手动控制、行人过街请求等多种工作方式，可通过手持终端、掌上电脑、笔记本计算机，能对信号机的主要参数进行现场调看和设置。	7	含教学用6台(室内部分)及路口 1 台(室外部分)
2	信号展板	一体化结构设计，标准十字路口交通信号灯配置，含 4 个方向左直右三个灯组、两位倒计时和行人过街灯显示。满足交通信号机的对接和展示需求。	6	教学用(室内部分)
3	手持终端	32 位及以上微处理器，预装信号调试软件。	6	教学用(室内部分)

(续表)

序号	器材名称	器材规格或型号	数量	备注
4	蓝牙模块	与交通信号机配套,能实现交通信号机与手持终端的通信。	6	教学用(室内部分)
5	交通信号控制平台	硬件不低于以下配置:2 颗 8 核 CPU,32G 内存,2 个千兆网口,E5-2620V4×2 2×900G 10K SAS 1G。软件具备交通信号系统的配置管理功能,可实现:路口信号配置管理;信号控制时段管理;信号机方案管理(VIP 特勤任务管理模块、绿波管理模块等);远程监测与维护;交通流数据统计分析,自动报表;系统校时管理;数据通信传输管理;故障报警管理;日志管理。	1	

1. 智能道路交通信号控制机

智能道路交通信号控制机符合中华人民共和国国家标准《道路交通信号控制机》(GB 25280—2016)C 类信号机,并具备公安部权威检测中心的检测报告(如图 10-14)。

具有较强的控制和通信功能,其硬件电路和软件设计都采用模块化设计。信号机机体主要由控制箱、配电单元、接线端子和机柜组成。控制箱主要包括主控板、通信板、灯驱板、电源板,由总线连接在一起。配电单元包括空开、插座、漏电保护、避雷模块等。

具备联网控制、单点优化控制、公交信号优先、紧急信号优先、感应控制、无电缆协调控制、多时段控制、黄闪控制、手动控制、行人过街请求等多种工作方式。

图 10-14 信号机

➤ 信号机采用 32 位微处理器。采用电磁兼容性设计技术,具有良好的防电网浪涌、防雷击措施,具有漏电保护功能。

➤ 至少可设置 24 个普通时段,24×7(天)个星期时段,24×7(7 个日期区间)个特殊时段。

➤ 工作方式变化时,红绿灯信号自动平滑过渡。

➤ 通过手持终端、掌上电脑、笔记本计算机,能对信号机的主要参数进行现场调看和设置。

➤ 支持通过蓝牙方式,在手机客户端登录信号控制机并进行配置操作;支持通过无线通信方式,在笔记本电脑登录客户端软件对信号控制机进行配置操作;支持通过操作面板对信号控制机进行配置操作。

➤ 具备 32 个信号相位,32 个感应相位,32 个相位序列。

➤ 标配 48 路灯控输出,可扩充到 72 路灯控输出。

- 标配 16 路车流量检测器并可扩充到 32 路。
- 同时可接两种以上类型的车辆检测器(环形线圈、微波、视频、地磁、无线线圈等多种车辆检测器)。
- 通信接口丰富,通信接口至少包含:2 个 RS232、1 个 RS485、1 个 10/100Base-T Ethernet 以太网接口(RJ45)通信接口。
- 具有不少于 4 个行人过街请求按钮,1 个警察手动按钮。
- 能够实现单信号控制器控制多路口信号灯和倒计时屏设备。至少可接入 4 路三色倒计时显示器,并可扩充至 16 路,可设置 9 秒倒计时显示。
- 具有 GPS 对时功能,并实现 GPS 对时无电缆联控。
- 具有掉电保护功能。
- 信号机具备故障处理、记录存储功能。
- 在进行网络通信时,应能对网络数据异常"网络风暴"进行防护,并能正常运行。
- 道路交通信号控制机具有信息显示功能,配置有液晶显示屏,可实现温度、湿度及电压显示功能。
- 每路驱动功率:≥800 W(AC220 V)。
- 电源适应:220 V(+20%、−20%)AC,50 Hz±2 Hz。
- 输入功耗:小于 50 W(不含信号灯功耗)。
- 工作温度:−40 ℃~+70 ℃。
- 相对湿度:5%~95%。
- 绝缘电阻:≥100 MΩ。

2. 雷视一体检测器

雷视一体检测器采用智能融合技术,将雷达感知与视频监测优势互补,通过雷达对道路大区域、多目标实时检测,并且结合先进的算法,实现交通目标轨迹跟踪及运行状态检测;通过视频实现目标特征化信息的监测。检测器对多维异构信息的智能融合分析,最终实现交通运行的全要素数字化,能够输出目标即时状态(位置、速度、类型)、交通流统计信息(交通流量、平均速度、占有率、排队信息等)及可视化特征信息(如图 10-15)。

图 10-15 雷视一体检测器

- 检测器采用二维主动扫描式阵列雷达微波检测技术,微波信号沿发射方向检测路上每一车道的动态或静态目标。
- 检测器采用"雷达+视频"一体化设计,支持视频采集编码功能。
- 检测器能进行大区域检测,沿来车方向正常检测区域可达 180 米,能同时检测可达 4 个车道。

- 可同时跟踪检测多达 64 个目标。
- 检测器跟踪检测每个目标的位置坐标 (x,y)、速度 (v_x,v_y)、目标类型,具有图形化操作软件,实时显示每个目标在检测区域内被跟踪情况以及目标即时位置、速度、车辆长度等实时信息。
- 多功能的数据检测功能,可替代多组其他类型检测器,检测每车道多个断面的流量、平均速度、占有率、车头时距、车间距、排队长度等交通数据。
- 检测器支持雷达监测信息与视频信息叠加,包括目标类型、位置、速度和车牌信息等。
- 检测精度:车流量精度≥99%。
- 数据统计周期:1～3600 秒范围,可由用户自行设定。
- 接口:RJ45。
- 检测器采用前向检测方式,支持正装和侧装,可方便地利用既有杆件,安装高度 6～8 米。
- 通过网络可方便地远程调试、升级。
- 可在全气候环境下稳定工作,包括雨、雪、雾、霾、大风、冰冻、冰雹、沙尘等恶劣天气,并具有自校准以及故障自诊断功能。
- 温度:−40 ℃～+85 ℃;湿度:最大 95%。
- 电源:DC24V。
- 功率:≤12 W。
- 过压和防雷保护。
- 外壳达到 IP67 防护标准。
- MTBF≥100000 h,7×24 连续不间断工作。

3. 多功能警示柱(如图 10-16)

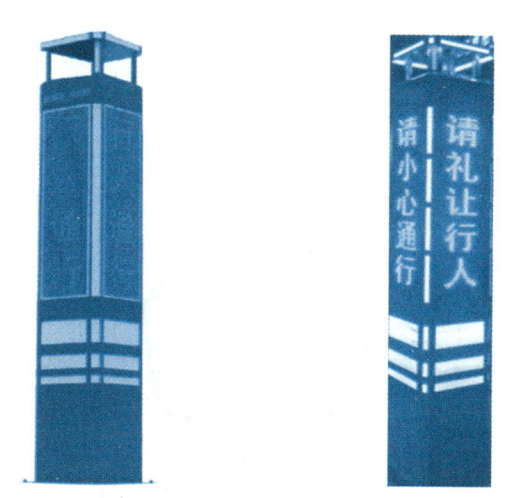

图 10-16 多功能警示柱

箱体:
- 尺寸 300 mm×446 mm×2330 mm。
- 柱体采用 3 mm 高强度钢板,使用整体折弯成型工艺。

- 防撞部分采用 8 mm 高强度钢板。
- 支持宽湿高温。
- 工作环境湿度范围 10％～95％RH。
- 机柜式外观,全身五金冷压钢板喷涂,散热部分为铝合金材质。

语音提示模块:
- 语音功率:≥10 W。
- 语音音量:0～105 dB(可调)。
- 播报内容:语音/盲人钟。
- 播报频率:1～70 Hz。
- 频率特性:全频带。
- 工作环境:-40 ℃～80 ℃。

LED 发光警示模块:
- 像素间距:10 mm。
- 显示尺寸 1280 mm×160 mm×2。
- 像素组成:1Y1G(红/绿)。
- 亮度:≥500 cd/m^2。
- 可视距离:>50 米。
- 驱动方式:1/16 扫描。
- 功耗:350 W(W/m^2)。
- 换帧频率:≥60 Hz/s。
- 工作环境:-40 ℃～80 ℃。
- 相对湿度:45％～90％RH。
- 防水等级:IP65。

4. 发光斑马线地灯

发光斑马线地灯通过总线方式控制,可以根据地灯控制器的控制进行点亮和闪烁。有绿、黄、红、白、蓝等灯色可选,控制模式有灯间跑马、双向全灯闪烁、单向全灯闪烁、双向静态箭头、单向动态箭头等。

图 10-17 发光斑马线地灯

- 外形尺寸:直径 150 mm×72 mm。
- 外壳材料:聚碳酸酯。
- 灯光颜色:RGB 全彩。
- 点阵数量:5×6。

➤ 通信模式:RS485。
➤ 单个网络最大可串联数量:50。
➤ 工作电压:DC36 V。
➤ 工作电流:≤160 mA(白灯全亮),≤110 mA(双色全亮,如:黄色、紫色等),≤60 mA(单色全亮)。
➤ 承受压力:≤20 吨。
➤ 工作温度:-40 ℃~85 ℃。
➤ 工作湿度:≤93%非结露。
➤ 防护等级:IP68。
➤ 功能:自定义颜色、图案、工作模式。

课后测评

一、单项选择题

1. 车路协同系统的英文简称是( )。
   A. ATMS   B. TGS   C. CVIS   D. CTIM

2. 车路协同系统总体上由车载感知子系统、路侧感知子系统、数据传输子系统、数据处理与预警子系统和( )5个子系统组成。
   A. 交通控制系统   B. 信息发布系统
   C. 交通控制与信息发布子系统   D. 预警系统

二、多项选择题

1. 在车-车/车-路通信技术中,常见的通信技术有( )。
   A. ZigBee 技术   B. 5G 技术
   C. CAN 总线技术   D. 其他

三、简答题

1. 车路协同系统概念是什么?
2. 车路协同系统有哪些功能?
3. 车路协同系统由哪五部分组成?
4. 车-车/车-路通信技术有哪些?

智能交通安全保障系统

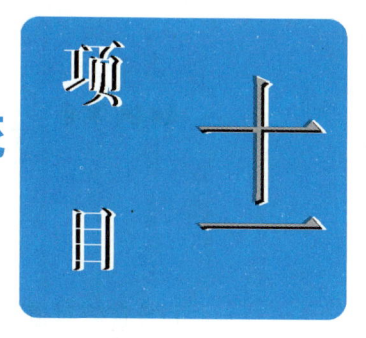

项目十一

项目描述

某高校拥有 10000 多名师生，每当上下课高峰期，一号食堂和体育场之间路段，车流和人流量较大。为了避免交通事故的发生，打造平安校园，需要为这条路段加装道路让行安全警示。系统根据学校道路实际情况，设计一智能化的斑马线安全警示系统，进一步优化校园人车通行秩序，提升校园交通安全。

学习目标

1. 掌握基于道路基础设施的应用；
2. 掌握交通信号控制系统的原理；
3. 掌握电子警察的工作原理；
4. 理解车队管理的应用领域。

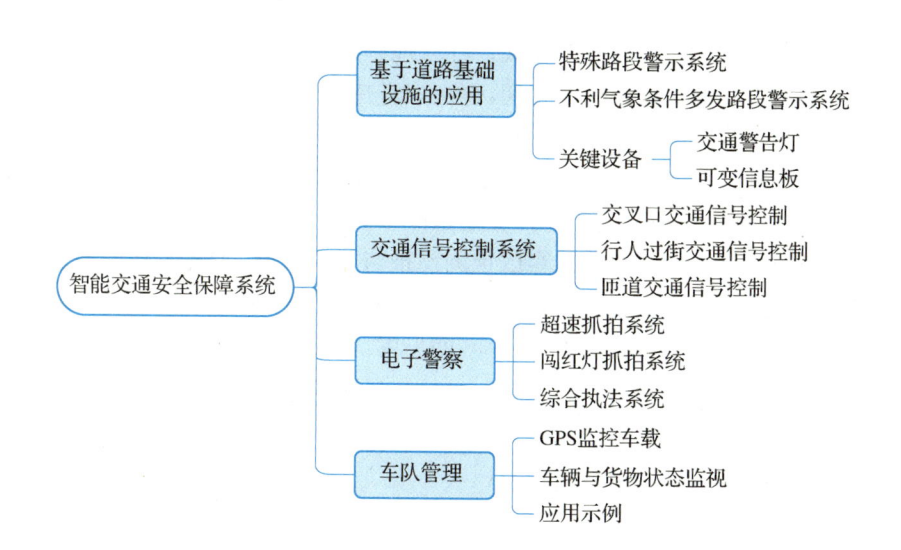

知识引导

```
智能交通安全保障系统
├── 基于道路基础设施的应用
│   ├── 特殊路段警示系统
│   ├── 不利气象条件多发路段警示系统
│   └── 关键设备
│       ├── 交通警告灯
│       └── 可变信息板
├── 交通信号控制系统
│   ├── 交叉口交通信号控制
│   ├── 行人过街交通信号控制
│   └── 匝道交通信号控制
├── 电子警察
│   ├── 超速抓拍系统
│   ├── 闯红灯抓拍系统
│   └── 综合执法系统
└── 车队管理
    ├── GPS监控车载
    ├── 车辆与货物状态监视
    └── 应用示例
```

第一节　基于道路基础设施的应用

ITS 在应对道路交通安全问题时拥有以下的主要优势：① ITS 技术有利于规范驾驶人行为，实现非接触式安全管理。② ITS 技术可以扩展人的感知范围，提高驾驶人对危险因素的提前感知和判断能力。③ ITS 技术可以部分或全部替代驾驶操作，减小驾驶人发生错误的概率，提高人车路系统的可靠性。④ 提高对道路基础设施及环境的监测能力。⑤ 提高事故后应急救援效率。⑥ 有利于建立综合事故数据系统。

一、特殊路段警示系统

特殊路段是指道路几何特征突变的路段，如交叉口、坡道、弯道、桥梁、隧道、临时施工区域等。在特殊路段设置安全警示标志，能引起机动车驾驶人，特别是大型客运及货运车辆驾驶人的警觉，防止他们因麻痹大意或对道路条件或环境反应不及时而造成翻车、碰撞或其他交通事故。交通警告灯和可变信息板（Variable Message Signs，VMS）是目前在特殊路段警告及建议方面较为常用的 ITS 技术手段。

二、不利气象条件多发路段警示系统

道路气象信息系统（Road Weather Information System，RWIS）是一类为道路运营管理部门的决策制定提供道路气象信息的重要系统，可有效预防由气象原因（如降雨、冰雪、雾及大风等）导致的交通事故的发生，并使得公路养护管理部门及公路使用者能够及时获得公路气象信息，针对不同的公路气象状况采取相应的措施。

例如，京珠高速公路粤境北段，简称京珠北高速公路，海拔自 200 余米上升至 800 余米又下降到 200 余米，地形复杂、高程变化大。红云地区是粤北典型的雾区，一般每年从 10 月底开始至第二年的 1 月中旬是浓雾常发期，每次降雾持续时间一般在四五天，平均每年雾天有 120 多天。该雾区的气象特征是降雾范围比较固定，每次降雾持续时间长，雾浓度高，其能见度不足 10 米，雾区湿度大，温度低，冬季常结"黑冰"。这种气象特征对高速公路行车安全构成严重威胁，本路段是高速公路恶性交通事故多发区。

该路段目前采用了一套高速公路雾区预测预报与监控系统，主要包括气象监测器、车辆检测器、摄像机、透雾灯、可变信息板、可变限速标志和雾灯等外场设备。雾区预测预报与监控系统能随时滚动预报雾区路段未来 24 小时能见度，雾的生成、持续、消散过程的预测预报准确率达到 80% 以上。

三、关键设备

1. 交通警告灯

交通警告灯是安装在特殊路段的上游用来警告道路使用者的一种警告装置，通常有单

一的警告灯或与交通标志组合使用两种形式(如图11-1、图11-2所示)。

图 11-1　服务区入口交通警告灯

图 11-2　学校附近的交通警告灯

交通警告灯适用于需要引导及警告车辆行驶的路段,大多选用黄闪灯,光线相比爆闪灯柔和,容易引起驾驶人或行人注意,又不会感到非常刺眼,能有效起到警告作用。驾驶人会注意到这种警示信息并注意观察周边环境,选择合适的行驶速度,从而减少交通事故的发生。

爆闪警告灯是一种交替闪烁的红蓝灯,用以提醒车辆、行人注意前方是交叉路口或者危险地段,要谨慎行驶,认真观望,安全通过(如图11-3)。

图 11-3　高速公路上的交通爆闪灯

2. 可变信息板(VMS)

可变信息板(VMS)通过可变的文字信息或图形符号等标志进行交通控制并向驾驶人和出行者提供信息。VMS应用的最初目的主要是用于交通诱导以及路况信息的发布,但它能引起驾车者,尤其是大型客货运车辆驾驶人的警觉,防止他们因超速而造成翻车、驶出道路或其他交通事故。

VMS 主要由显示板、支架、基础、控制器及监控平台组成,LED 显示板的价格为人民币 2.5 万～3 万元,门架式可变信息板支架的基础价格为人民币 8 万～11 万元,悬臂式门架的基础价格为人民币 2 万～4 万元,控制器价格为人民币 0.5 万～0.8 万元(如图 11-4)。

图 11-4　高速公路上安装的可变信息板

第二节　交通信号控制系统

城市交通控制最重要的方式是信号控制。系统信号灯被部署在城市路网的关键地点以保障路网的安全和效率,并将有潜在冲突危险的道路使用者及时分开,而其中交叉口交通信号控制、行人过街交通信号控制以及匝道交通信号控制是交通信号控制中较为常见的类型。

一、交叉口交通信号控制

据研究表明,在丁字路口,使用交通信号灯可以使事故总数降低 15%;而在十字路口,这个数字是 30%。然而值得注意的是,在城市道路交叉口,实施交通信号控制以后可以降低穿行碰撞的可能,但是同时也会增加追尾事故的发生概率。在信号交叉口发生事故的可能性与交通流的复杂程度有很大关系,尤其与转弯车辆有关。改善城市交通网络安全还可以采用交通信号与其他交通管理方式相结合的方式实现,如禁止转弯等,从而使交通流达到优化进而避免事故的发生。一项仿真研究表明,采用网络优化的方式管理城市交通流可以减少 12%～30% 的交通事故,但同时也会增加 10%～15% 的旅行时间。

二、行人过街交通信号控制

行人在过街时会与机动车形成冲突点,如果绿灯时间较短,行人(特别是老人和小孩)在绿灯结束前还未通过人行横道,就会造成安全隐患。智能行人过街技术可以对等待穿行或是正在进行穿行的行人进行探测,并延长行人过街的绿灯时间或保证在行人通过以前绿灯不会熄灭,以保证易受伤害人群的交通安全。

图 11-5 所示为一种行人过街系统,行人在过街时需要按信号灯柱上的按钮向信号灯提交自己的过街请求,之后,信号灯通过分析道路上的车辆交通流,适时向冲突车辆显示红灯停止信号,向等待行人提供绿灯通行信号,在行人过街过程中,对行人状态进行持续检测,直到行人完全过街或者行人绿灯时间达到最大,才重新允许冲突机动车通行。

图 11-5 行人过街系统

三、匝道交通信号控制

匝道控制是在匝道上通过实施信号控制的手段控制车辆进入主路,以确保下游交通流的流畅,是交通流控制的一种。交通安全不仅可以通过对突发事件的快速反应得到改善,还可以通过使交通流更加缓和的方式来预防事故的发生,从而提高安全性。匝道控制系统主要通过以下途径改善道路安全:① 分散进入高速路的车流;② 减少车辆汇合处的波动。

典型的匝道控制系统的配置如图 11-6 所示。交通控制中心收集各种检测器所采集的道路交通流信息,经过处理之后,计算出最优的匝道流量,并通过匝道控制器和相关的信号灯对进入高速路主路的车流量进行控制,从而确保道路运行效率和安全。

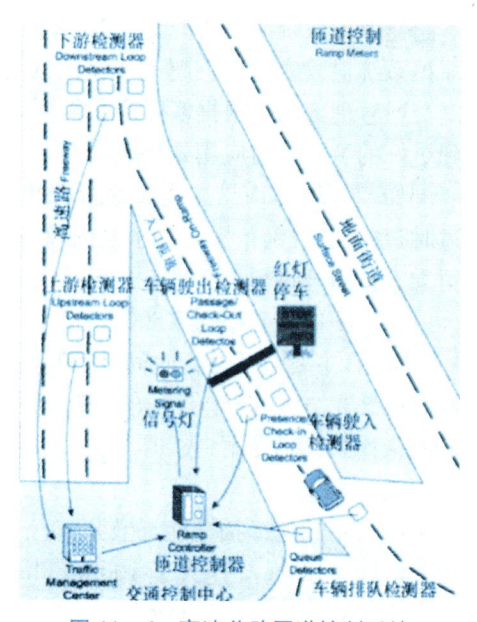

图 11-6 高速公路匝道控制系统

第三节 电子警察

一、超速抓拍系统

超速抓拍系统是一种非常有效的速度管理工具,它能够实现以统一的标准来执法,主要由车辆检测单元、图像采集单元、快速摄像单元、辅助照明单元、控制主机单元、前端控制软件、车牌模糊识别软件以及图像传输和中心控制单元等组成。该系统具备白天、夜晚和各种天气条件下工作的能力,能自动记录机动车超速行驶的违法行为,如图11-7所示。

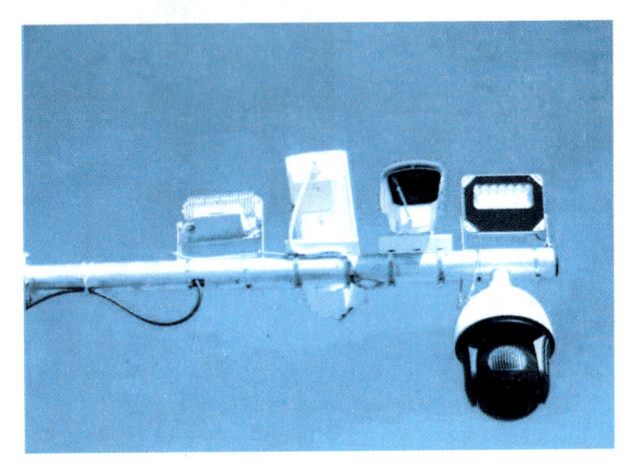

图11-7 抓拍系统

超速抓拍系统能够实时记录车辆违章超速数据,作为事后超速处罚的依据,同时部分超速抓拍系统辅以实时提醒超速驾驶人的可变信息屏,从而达到降低超速、减少事故的效果。公安交通管理部门可根据实际应用需要,调整系统设置(包括调整限速值或安装位置),以期达到更好的事故预防应用效果。

例如,2018年,南昌迎宾大道新增8处固定式交通技术监控设备进行超速抓拍,在车辆通过时,系统能准确拍摄车辆全景图像,包含车辆头部所有特征,能看清车辆类型、轮廓及前排司乘人员面部特征等,在监控区域内对5~120 km/h时速行驶的车辆图像捕获率达到99%以上。图像分辨率为1 600×1 280,并将图像以JPEG格式存储,同时在图像中标明车辆通行数据,主要包括通行时间、卡口地点、车速、超速比例、行驶方向等。夜间采用高频窄脉冲侧面补光方式,既能够对车身补光,又不会对驾驶人的视觉造成影响,保证行车安全。车辆图像捕获率不受雨、雪、雾等天气,环境光和相邻车道的影响,不会出现误记录。车辆捕获率不低于97%。

系统具备超速抓拍功能,能够实时记录每辆车的通行速度,在车速小于100 km/h时,误差为-6~0 km/h;车速大于100 km/h时,误差为-6%~0。测速的同时系统自动对车速进行分析,图片上叠加信息清晰显示当前速度、限速值、超速比例,可以此作为违法证据。

二、闯红灯抓拍系统

闯红灯抓拍系统是当检测到在红灯状态下有车辆通过停车线时,检测器立即触发高清摄像头对违法车辆进行连续抓拍,如图 11-8 所示。

图 11-8　闯红灯抓拍系统

三、综合执法系统

交通执法系统(Digital Traffic Enforcement System,DTES),是使用固定摄像机和车载 GPS 系统监控车辆的违章行为。对过往车辆进行载重、超速检测,一旦传感器发现违章行为,摄像机会对违章车辆进行跟踪,并通过车牌自动识别系统进行记录,经网络传输到执法中心。

第四节　车队管理

一、GPS 监控车载

GPS 是一种基于 GPS/GPRS 的智能终端设备,它能够准确提供当前车辆的实时地理定位和实时车速等信息。车载 GPS 终端可将这些信息上传到指定的监控中心,并接收中心下达的指令。GPS 可实现实时定位、全程跟踪、车辆行驶轨迹查看及行驶里程报表功能;具有超速报警及记录功能;具有超时(疲劳)报警及记录功能;具有偏离路线报警,超出区域报警功能。系统典型平台架构如图 11-9 所示。

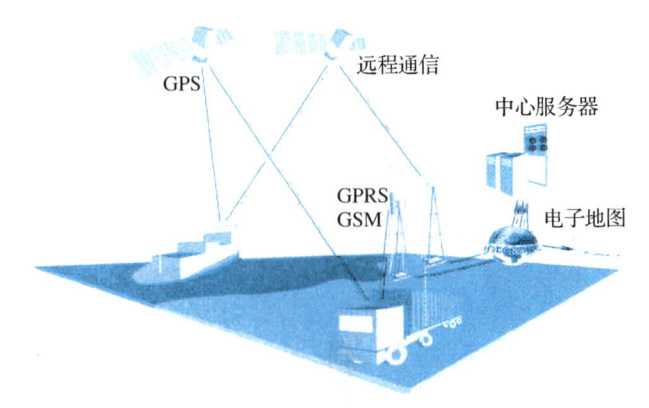

图 11-9 GPS 监控系统平台架构

二、山东省 GPS 应用案例

山东省交通运输厅要求对道路营运客车和危险货物运输车辆进行 GPS 联控,车辆范围包括客车、货车、危险品车辆、出租车和租用车辆。

山东交运集团的 2000 辆营运车辆已全部安装 GPS,并自建车辆监控中心;青岛市交通运输局管辖的营运车辆,按省运管局文件规定全部安装 GPS 设备,目前该平台下共有 3594 辆车辆,已纳入山东省 GPS 平台。

目前,山东省营运车辆上每台车载 GPS 的初装费用为人民币 2500~4000 元,平台使用费加服务费为人民币 30—50 元/(车/月),营运车辆 GPS 监控中心的建设因中控室规格标准不同而有不同的价格。

山东省交通运输管理部门人员都认为设备效果很好,超速现象明显减少。大部分运输企业管理人员认为系统的主要作用在于车队调度,对减少超速有一定的影响。据统计问卷统计结果显示,有 50%~80% 的营运车驾驶人认为 GPS 监控系统对于改善超速问题很有效,另外约有 43.2% 的驾驶人认为该设备对改善疲劳驾驶有作用。

三、车辆与货物状态监视

车辆/驾驶人状态监视模块用于监视车辆、驾驶人以及货物/乘客的实时状态,特别是与车辆安全行驶有关的状态参数,如驾驶人疲劳程度、制动系统状态、轮胎压力、灯光系统状态、货物稳定性状态等。一旦发现异常状态,该类系统可以警告驾驶人及时采取措施,同时将异常状态信息传递给车队管理人员,以预防事故的发生。

四、山东省车载视频监控系统应用案例

车载视频监控设备在山东省交运集团得到了应用,一期试点 200 台车,路线为山东省内,二期将辐射到由济南发往全国各地的客运车辆。山东省交运集团 3G 视频监控系统由安装在车辆上的摄像头和监控中心组成。一期和二期试点已经实现。截至 2011 年 11 月 10 日,山东省交运集团为 400 多辆客车安装了 3G 视频监控。每辆加装 3G 设备的客车上都装有 4 个摄像头,分别监视驾驶人、乘客、车门和前方道路,可以对整个车辆实现无

缝隙监控。

山东省交运集团车辆上每台车载设备的安装费用为人民币 6000～7000 元,平台使用费加通信费合计人民币 120～180 元/(车/月),监控中心的建设费用约为人民币 600 万元。

项目实施

一、项目背景

从学校一号食堂和到操场这一路段,车流和人流量较大。为了避免交通事故的发生,打造平安校园,需要为这条路段加装道路让行安全警示装置。请完成该系统的集成和设计。

二、建设思路

根据现有学院校区的实际情况和需求,本次项目将环形主干道分为 3 段驾驶行为监控区域,在事故易发地点(运动场附近)建设道路让行安全警示系统。

项目建设区域如图 11-10 所示。

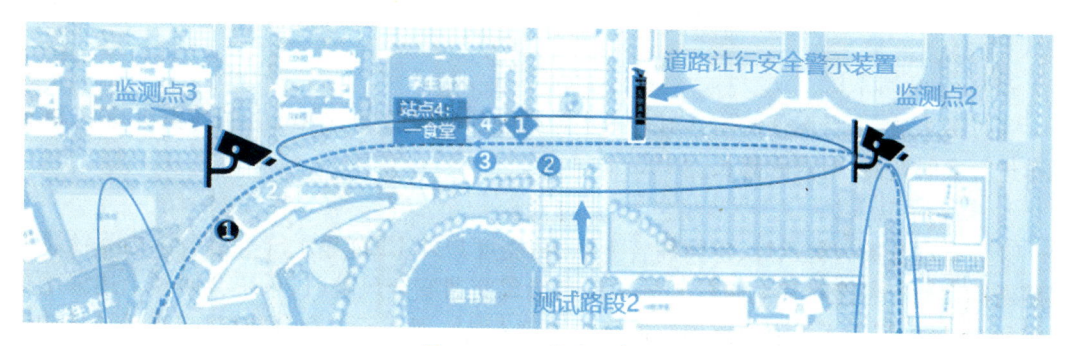

图 11-10 建设示意图

"道路让行安全警示系统"用来解决支路与主干路相交产生视觉盲区引发交通事故的问题,依靠高科技毫米波雷达扫描大、中、小型机动车辆以及可能的非机动车,并对车辆进行远距离检测,分析来车的方向、距离、大小、速度,当有可能对支路行人造成伤害情况时,系统将雷达检测到的来车信息投放至面向支路方向设置的高亮度户外 LED 显示屏,更以声音、红蓝爆闪警示灯闪烁的方式,提醒行人或者驾驶员注意车辆避让、安全通行。

三、组成架构

道路让行安全警示系统由来车检测系统、安全提醒系统、路况记录系统、4G 通行系统、后端应用系统五个子系统组成,包含移动目标侦测雷达、定向高音喇叭、红蓝爆闪警示灯、高亮度户外 LED 显示屏、摄像机、道路卡口智能识别摄像机、路口全景监控及录像存储系统、4G 通信系统等硬件设备和后端应用等软件功能,实现数据采集、存储、传输、分析的全过程管理(如图 11-11)。

路口全景摄像机
500万像素
超低照度、超宽动态
2D、3D降噪

卡口摄像机
500万像素
低照度、宽动态、强光抑制
视频逐帧智能分析与识别

移动目标侦测雷达
毫米波、多目标侦测
100m~150m有效探测距离

爆闪警示灯

定向高音喇叭

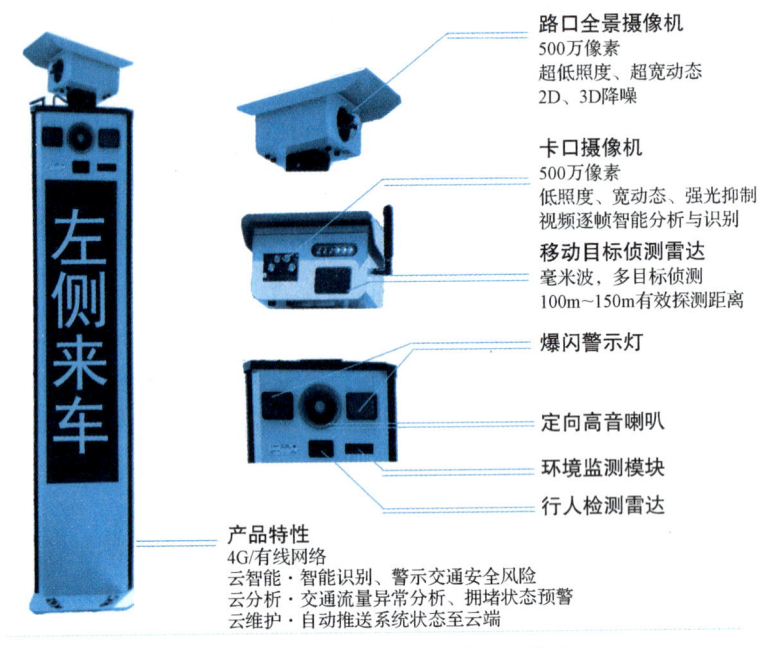

环境监测模块

行人检测雷达

产品特性
4G/有线网络
云智能·智能识别、警示交通安全风险
云分析·交通流量异常分析、拥堵状态预警
云维护·自动推送系统状态至云端

图 11-11　道路让行安全警示系统图

1. 来车检测系统

通过毫米波、多目标侦测雷达对位于主路行驶的速度超过 20 km/h 的各类机动车、非机动车进行实时监测,检测距离长达 100~150 米。

2. 安全提醒系统

设计有红蓝爆闪警示灯、定向高音喇叭、高亮度户外 LED 显示屏等装置。当系统预判道路通行车辆有可能对其他通行人员和车辆造成交通安全风险时,系统会通过上述警示灯爆闪和 LED 屏闪方式提醒道路周边通行的车辆人员注意通行安全;同时只有当系统检测到支路上有行人或非机动车辆需要通过路口时,才会通过高音喇叭进行语音安全提醒,最大限度地降低语音播报功能对周边居民生活的影响。

3. 路况记录系统

由一台对来车进行识别和记录的道路高清智能卡口系统和一台对路口状况进行记录的高清全景监控摄像机以及录像存储系统组成,其中高清智能卡口系统采用高达 500 万像素的高清智能摄像机,对道路通行车辆的全部信息进行捕获、识别、结构化和存储。该卡口高清智能摄像机自带补光系统,在不另行安装补光设备的情况下,可以在极低照度的照明环境中,捕获道路上通行的车辆。

全景监控摄像机安装的主要目的是对通行路口进行高清视频监控,因为这些位置,往往是事故/事件多发路段,一旦有情况发生时,管理人员可以通过全景监控摄像机对事发路段进行视频实时查看、历史录像调取等操作,极大延伸管理人员的有效管理范围。

录像存储系统采用高性能、高可靠性的 SSD 硬盘作为存储介质,可以适应户外严苛的运行条件,保障系统的正常运行。

4. 4G 通信系统

内置 4G 通信模块是本系统的一个特色,考虑到道路让行安全警示系统采用光纤传输存在安装不便的问题,因此系统内置了4G通信系统。通过4G网络,可以实现对前端设备的监控和管理,可以实时上传卡口数据和通行车辆图片;也可以把数据暂存在前端设备,根据需要进行调用和下载,可以对前端监控实时浏览,也可以随时查阅下载前端的历史监控录像。

5. 后端应用系统

是将前端收集到的各类车辆通行数据和信息,利用系统自带的4G传输模块或者有线网络传送至后端。在后端,系统记录并分析系统所在路口的车辆通行状况,研判通行状态和通行事件。当发生交通拥堵、流量异常等事件时,可以第一时间提醒管理人员进行干预。同时,无论是道路让行安全警示系统的本地记录还是后端存储的车辆通行信息,都能对治安或者刑事案件中涉及车辆的部分提供有效的证据信息。

四、系统功能

1. 道路交通安全提醒

通过多普勒雷达技术进行独有优化,道路让行安全警示系统可以在全天候、全气候环境下对主路通行的机动车、非机动车等进行远距离检测,当系统侦测到主路或弯道上有车辆即将驶过,立即通过爆闪警示灯和LED显示屏闪烁显示"左/右侧来车"或"对向来车"、高音喇叭以适当的音量播报"左(右)侧来车,注意安全"等,对支路通行人员、非机动车等进行安全提醒,有效降低支路上的行人或驾驶人员因视线受阻或麻痹大意造成交通安全事故的风险。

2. 事故多发路口监控

道路让行安全警示系统具备全景监控功能,内置高清摄像机(两台,双向监控)、大容量高速SSD硬盘和4G通信模块,实现对事故多发路口的全景视频监控和7×24小时循环视频录像,当有交通事故或其他异常事件发生时,管理人员可通过中心平台调取实时视频、历史视频录像和通行数据,其中卡口数据存储时间不少于30天,视频录像存储时间不少于7天。

3. 道路交通卡口功能

道路让行安全警示系统集成卡口自动记录功能(自带补光系统),实现对通行机动车和非机动车的自动识别和记录。系统采用最新AI技术,对车辆进行多元特征信息提取,形成结构化数据,结合预置通行规则和通行数据分析,实现用户可配置的通行状态信息提取与上传,如道路拥堵、高峰流量预警等状态信息(如图11-12)。

图11-12 设备集中管理平台——设备卡口功能实例

4. 交通流量监控与分析

道路让行安全警示系统通过内置的道路交通卡口系统获得该通行路段的车辆通行信息，系统自动学习、分析和生成该路段的车辆通行规律，如单日平均车流量、通行车辆的时间分布、货车和客车通行比例等，这些通行规律可以有效地帮助到管理部门，当某一时段道路发生交通异常时，系统可以产生预警信号，提醒管理部门第一时间对此路段进行交通干预。

五、核心设备技术指标（见表 11－1）

表 11－1 核心设备技术指标表

类别	参数	指标
摄像机	传感器类型	500 万像素 1/2.8″卷帘曝光 CMOS 传感器
	相机有效像素	2 592×1 944
	快门	自动/手动，7 μs～30 ms
	最低照度	彩色 0.02Lux@(F1.4,AGC ON)
	白平衡	自动/手动
	强光抑制	支持
	降噪	2D、3D 数字降噪
前方镜头	镜头接口	M12 接口
	镜头光圈	F2.0 手动
	定焦镜头	16 mm
后方镜头	镜头接口	M12 接口
	镜头光圈	F2.0 手动
	定焦镜头	6 mm
视频参数	视频压缩标准	H.265/H.264 High Profile
	视频码率	512 Kbps～16 Mbps
	视频帧率	1～25 fps@H.265；1～25 fps@H.264
	码流数量	主码流(H.265/H.264)、子码流(H.265/H.264)
	最大图像尺寸	JPEG：2592×1944
	图像设置	曝光时间,增益,白平衡等自动调节
	码流	主码流：1080P@25fps(默认)、720P@25fps 子码流：1080P@25fps、720P@25fps(默认)

续表

功能参数	车辆捕获率	≥95％（车辆无遮挡）
	车牌正确识别率	≥95％
	允许监测的车速范围	3～180 km/h
	允许检测的车辆行驶方向	来向
	允许探测的车辆距离	≤100 m
	输出信息	结果大图、车牌彩色小图、车牌结果文本、附加信息文本等
用户接口	4G 网络接口	1个，4G 网络输入端口（预留接口）
	RS-422 串行接口（控制板）	1个，可用于设备之间的通信
	无线通信接口（控制板）	1个，可用于设备之间的通信
	有线网口	1个，100M RJ45 接口
	外部存储接口	1个，支持 Micro SD 卡接收结果数据
	电源接口	1个，电源接口
常规参数	供电	AC110～240 V,50～60 Hz 或直流 9～16 V
	功耗	≤120 W
	平均无故障时间	MTBF≥30 000 小时
	平均修复时间	MTTR≤90 秒
	尺寸(mm)	462×357×2300
	环境	温度-20 ℃～+60 ℃,湿度 20％～90％（无凝结）

课后测评

一、多项选择题

1. 智能交通安全保障应用有（　　）。

A. 基于道路基础设施的应用：特殊路段警示系统、不利气象条件多发路段警示系统

B. 交通信号控制系统：交叉口交通信号控制、行人过街交通信号控制、匝道交通信号控制

C. 电子警察：超速抓拍系统、闯红灯抓拍系统、综合执法系统

D. 车队管理：GPS监控车载、车辆与货物状态监视

二、简答题

1. 交通信号控制系统常见类型有哪些？

2. 可变信息板的概念是什么？

3. 智能交通安全保障应用有哪些？

4. 什么是闯红灯抓拍系统？

参考文献

[1] 王公儒主编.停车场系统工程实用技术[M].北京:中国铁道出版社,2021.
[2] 曲大义等编著.智能交通系统及其技术应用(第3版)[M].北京:机械工业出版社,2021.
[3] 熊江勇,俞竞伟等主编.智能交通系统概论[M].南京:南京大学出版社,2023.
[4] 王炜,陈峻等编著.交通工程学[M].南京:东南大学出版社,2019.
[5] 李正东,何艳等主编.智能交通系统概论[M].北京:机械工业出版社,2022.
[6] 崔玉萍,罗石贵等主编.高速公路智能车路协同系统集成技术研究及应用[M].北京:人民交通出版社,2024.
[7] 陈桂香.国外智能交通系统的发展情况[J].中国安防,2012(06).
[8] 赵娜,袁家斌,徐晗.智能交通系统综述[J].计算机科学,2014,41(11).
[9] CHAPMAN G J, SCALLY A, BUCKLETY J G, et al. Importance of binocular vision in foot placement accuracy when stepping onto a floor-based target during gait initiation[J]. Experimental Brain Research,2012,216(1).
[10] 王云鹏,严新平等主编.智能交通技术概论[M].北京:清华大学出版社,2020.
[11] DAYI Q, YANFENG J, TAO W, et al. Research on coordinated control of vehicle's speed in new mixed traffic flow[J]. Journal of Intelligent Transportation Systems,2021(Early Access).
[12] 中国智能交通协会.中国智能交通行业发展年鉴(2020)[M].北京:电子工业出版社,2021.